奶嘴男，怎么爱

莫哆 编著

河北出版传媒集团
花山文艺出版社

图书在版编目（CIP）数据

奶嘴男，怎么爱/莫哆编著. —石家庄：花山文艺出版社，2012

ISBN 978-7-5511-0578-1

Ⅰ. 奶… Ⅱ. 莫… Ⅲ. 恋爱—通俗读物
Ⅳ. C913.1—49

中国版本图书馆 CIP 数据核字（2012）第 096129 号

书　　名：奶嘴男，怎么爱
编　　著：莫　哆

责任编辑：李　爽　刘燕军
美术编辑：许宝坤
责任校对：杨丽英
封面设计：博雅工坊
出版发行：花山文艺出版社（邮政编码：050061）
（河北省石家庄市友谊北大街 330 号）
销售热线：0311－88643226/32/24/28/29
传　　真：0311－88643225
印　　刷：北京盛兰兄弟印刷装订有限公司
经　　销：新华书店
开　　本：787×1092　1/16
印　　张：14.5
字　　数：180 千字
版　　次：2013 年 10 月第 1 版
2013 年 10 月第 1 次印刷
书　　号：ISBN 978-7-5511-0578-1
定　　价：32.00 元

序：你的他是奶嘴男吗

不久前，看到上大三的妹妹的同班同学的脖颈上挂了个奶嘴。问她这是什么意思，她说“这是现在女孩子最IN的装饰”。想想也没有错，反正都是娇生惯养的宝贝女，挂个奶嘴不为过。

黑格尔曾言，凡是存在的就是合理的。有奶嘴女就一定会有奶嘴男。如今的这个社会是一个互补性十分强的社会，有奶嘴男丈夫的家庭必然要有一个坚强勇敢、能够独当一面的母亲型的妻子。不巧的是，这个世界很多时候是会失衡的，当奶嘴男和奶嘴女越来越多而不得不凑合成一个家庭的时候，那景象一定是混乱不堪的。

奶嘴男，顾名思义，就是永远长不大的男子。

这样的男子不论年龄大小，高矮胖瘦。婚前的时段，他的爹妈是他的奶嘴，结了婚以后，老婆就成了他爹妈的接班人——成了另一个“奶嘴”。奶嘴男的心地其实很单纯，性格也热情直爽，只不过他可能常常比女人还会撒娇、邀宠。遇到事情的时候，他并不是大刀阔斧、勇猛直前的硬汉角色，甚至还可能一副缩头缩脑的可怜样儿躲在你的身后。这样的男人在现实生活中也好，在电影、电视剧中也罢，都能经常看到。不管和谁说话，他都一副娇声娇气的腔调，一脸的眉飞色舞，甚至走起路来还一摇一摆的形似柳枝。这样的男人的女朋友或妻子得一边做恋人，一边做他爹妈的接班人，而他们，正是80后中最典型的奶嘴男。

客观地说，其实任何一个时代都有奶嘴男。而且我们现在的时代，女人们越来越独立和强大，势必会有更多的奶嘴男存在。更糟糕的是，很多女孩子们明明知道她们的男朋友或老公是个奶嘴男，却仍然无法自拔地爱着他们。

或许，这就是传说中的“伟大的母性”。

小时候经常会有这样的时候：看到一个男人或者女人，天真的孩子便会想，这样的人，长大后会和谁谈恋爱？但是真到长大以后，就会明白，人世间的万物，其实是非常合理的，这个世界上既然有奶嘴男的存在，就一定会有女人爱做他的奶妈，而且心甘情愿，至死不渝。

正像有首歌里唱的——你是疯儿，我是傻，你是孩子，我是妈，忽忽悠悠到天涯……

这么一想，这个世界也挺美好的。

当女人遭遇奶嘴男友，既恨奶嘴的软弱又深陷奶嘴男友的怀抱无法自拔时，要怎么办？不用急，先看看你的男友是不是奶嘴男，属于哪种类型的奶嘴男。

你的亲密爱人，有奶嘴男的倾向吗？

- 社交活动在减少；
- 对美食的热情大于一场精彩的球赛；

对新生的事物和潮流不感兴趣；

比起工作上的成功，他更享受“好丈夫”和“好爸爸”的满足感；

在不顺心的时候尤其喜欢抱怨或碎言絮叨；

宁可自己忙累一番，也不放心把孩子和家务事交给保姆；

他常憧憬退休后子孙绕膝的天伦之乐。

测试你的爱人是否是奶嘴男：

1. 他非常听父母的话，不管对错，他都照单全收。

   A. Yes　　B. No

2. 情绪起伏大，前一秒还是兴高采烈，后一秒就可能天崩地裂，说过的话很快就忘掉。

   A. Yes　　B. No

3. 精神贵族、派对王子。没有理财概念，花钱无节制。

   A. Yes　　B. No

4. 爱冒险，喜欢意气用事，比较“重友轻色”。

   A. Yes　　B. No

5. 他总是埋首于各类游戏中，甚至到了通宵达旦的境地。

   A. Yes　　B. No

6. 他总是大小麻烦的制造者，出了问题习惯向你摊开双手做无奈状，而你就是冲锋陷阵的“灭火器”。

   A. Yes　　B. No

7. 对事业没有太大企图心，认为只要工作不出大麻烦就好。

   A. Yes　　B. No

8. 他比你会撒娇，借以逃脱一些家务琐事。

A. Yes　　　　　　B. No

9. 他很脆弱，遇到挫折就退缩，遇到磨难就萎靡不振。

A. Yes　　　　　　B. No

10. 他只关注自己内心的需求，而他的心永远是填不满的“无底洞”，身边所有的人都是负责满足他需求的人。

A. Yes　　　　　　B. No

11. 他觉得女人能顶整个天，家里家外的事情都由你自己看着办。

A. Yes　　　　　　B. No

12. 你最好不要生病，否则只有自己躺在病床上自求多福，他是不会为你倒一杯水的，更别说为你做“病号饭”。

A. Yes　　　　　　B. No

解析：

选择 A 为 1—5 个：

恭喜你，他足够成熟，让你感觉安全。不过这样的男生容易产生过重的心理负荷。应学会给彼此一些空间。

选择 A 为 6—10 个：

当心了，他的心灵其实很脆弱，只是伪装得非常好。请关注他的举止，适当的时候，引导他正视这些不足。

选择 A 为 10 个以上：

他的孩子气非常重，或许这让你又爱又恨，不过，不妨学着使用一些技巧，或许你会有惊喜的发现。

目录

奶嘴男，怎么爱

第一章　家有奶嘴男

自古以来，我们国家的婚姻多数是男人承担主外的责任，而女人则主内的这种生存模式。有一种动物是与此相反的，它们的世界里是雄性承担哺育与保护孩子的责任，而雌性承担着外出觅食的责任，它们就是水鸟，奶嘴男后来也被人称作“水鸟男”。动物有动物之间的和平守则，水鸟有水鸟的相处方式，不同动物有不同的和平守则，但是人类的婚姻是不是也可以有只属于我们自己的相濡以沫的生活方式呢？

他为何会恋恋不舍？

妻子：苏蓝，33岁，客户总监

丈夫：王肖楠，37岁，公务员

女儿：王华，7岁

婚龄：10年

苏蓝和王肖楠是在一次朋友聚会中认识的，活泼率真的苏蓝和稳重的王肖楠都给彼此留下了很好的第一印象。苏蓝在一家外企工作，是人们所说的那种“三高白领”：收入高、压力高、疾病潜力高。因为应酬多、工作忙，苏蓝常常因不按时吃饭，饥一顿饱一顿而落下肠胃病。王肖楠得知这一情况后，坚持每天早饭、午饭、晚饭的时候定点打电话提醒苏蓝吃饭，还经常会亲自送去自己做的“爱心饭盒”。同事朋友们都很羡慕苏蓝遇上如此体贴可靠的好男人，把她放在手心里呵护备至，苏蓝自己也很享受事事不需自己操心有人打点的感觉。一年以后，在亲朋的羡慕和祝福下，苏蓝嫁给了王肖楠。

新婚燕尔，王肖楠饱含深情地向妻子保证：“只要有我在，你每天一回家就会吃上热乎乎的家常饭，再也不用啃面包嚼冷饭了。”言出则必行，第二天，王肖楠到超市买了一袋水果、牛排，给苏蓝做了顿丰盛的晚餐。吃完饭，苏蓝正准备收拾碗筷，王肖楠立刻抢过碗筷一本正经地说：“老婆是娶回来用来心疼的，不是用来做苦工的。你工作那么辛苦，家务活我就全包了。”自从有了这个口头约定，苏蓝从此便可以理所当然地不做任何家务活，甚至连买卫生巾这种事她也列在了清单上让王肖楠采购。

女儿出生以前，苏蓝和王肖楠一直过着这种“女主外男主内”的不正常分工的夫妻生活，很多次苏蓝开玩笑说：“还好你是准点上班下班，如果你也像我这么忙，都没有人顾家，这家不得乱成狗窝啊？”妻子无意的玩笑话无疑肯定了王肖楠在家里的“主导地位”，尽管有时会被同事朋友笑为是“煮夫”，王肖楠仍旧乐此不疲地照料着妻子的起居饮食。

女儿王华在夏天出生，女儿满月后，苏蓝又和以前一样隔三差五出差，因为是强行断奶，不适应的王华常常饿得号啕大哭。女儿的啼哭不仅让王肖楠手足无措，也让他对妻子产生了不满情绪。苏蓝出差回来，王肖楠沉着脸问她："小华喝不惯牛奶，这一周都没怎么吃东西，为了女儿的健康，你就不能换份轻闲的工作？"苏蓝一脸疲惫地反问王肖楠："你挣得不多，如果我再换个少劳少得的工作，拿什么供女儿上学？"王肖楠语塞，苏蓝盛气凌人的态度让他产生了自卑感，自己挣得少，凭什么妨碍老婆发达？

为了平衡事业上的落差，全力支持爱妻的事业，王肖楠不再要求苏蓝换工作，而是父兼母职，为女儿洗衣喂饭、换尿片，哄她入睡，从"尽职老公"晋升为"全职老爸"。为了照顾女儿，王肖楠推掉了所有的社会活动，也无暇熬夜看球赛或是上网打网游。除了上班时间，王肖楠几乎就围着灶台和女儿打转，大不了看几本育儿书当作消遣。苏蓝的工作越来越忙，王肖楠的生活圈子越来越窄，看似相安无事的平静生活，却常因找不到共同话题而越来越无趣、沉默。

王华 11 个月大时，猛然蹦出含糊的"PA"一声响。苏蓝正在书房赶报告，突然听见王肖楠的尖声惊叫，出去一看究竟，才知道女儿可能发出"爸"或"妈"的音节。苏蓝费解地看着王肖楠饱含热泪的眼睛，她想，每个孩子开口说话前都要叫爸爸或妈妈，他至于感动成这样吗？妻子的镇定令王肖楠心生嫌隙，他想，女儿生下来她就没抱过几回，女儿开始说话了这么激动人心的时刻，她也不激动，敢情她对这个家、对我和小华就没多少感情！

女儿 5 岁那年，一家人兴致勃勃地看《动物世界》。专家介绍说，斑头雁、企鹅等水鸟，都是由雄性负责孵卵和照顾雏鸟，雌性水鸟则负责生产和觅食。王肖楠扬扬得意地告诉女儿："爸爸就和这些水鸟爸爸一样，把小宝贝照顾得白白胖胖的。"苏蓝深知，像王肖楠这样为家庭牺牲自我和付出一切的男人不多，她也一直心存感激。然而听见他将自己比喻成水鸟，苏蓝还是觉得很刺耳，担心他沉迷于家庭而不思进取。"小鸟长大了，水鸟爸爸还会有自己的生活。"苏蓝旁敲侧击地说，"等小华上了学，你也报个兴趣班，提升一下。""我最大的兴趣就是和女儿在一起。"王肖楠不以为然地回一句，下意识地将女儿抱得更紧了。

2009 年 6 月，王华满 7 周岁，苏蓝和王肖楠商量："外国语学校师资力量很强，9 月开学就送王华去寄宿，让她早点学会独立。"苏蓝本是心疼王肖楠的操劳，希望可以腾出时间让他做些自己喜欢的事情，不料王肖楠坚决反对："你三天两头出差，再让王华住校，家里就剩我一个人，日子还有什么意思！"为了让王肖楠从"煮夫"角色中转换出来，苏蓝主动招来牌友培养他的桥牌兴趣，替他报名学驾驶，可王肖楠就是不领情，一心扑在女儿身上，还成天抱怨"我辛辛苦苦将女儿拉扯大，你却狠心分开我们"。

已经到了孩子选择入校的时间了，夫妻俩一个要把孩子送到学校寄宿，一个固执不从，为此苏蓝与王肖楠发生了结婚以来最严重的冲突，甚至王肖楠在冲动下提到了离婚。看着比祥林嫂还怨气冲天的老公，苏蓝束手无策，她不知道如何让王肖楠明白：除了锅碗瓢盆和老婆孩子，他还可以有更精彩的生活。

不如享受一个奶嘴男

婚姻最早的模式是女人在男人的背后相夫教子，男人在外头金戈铁马地努力拼搏。因此，过去女子结婚是为了找一个避风的港湾，找丈夫是找长期饭票。可是如今的社会发生了质的变化，女人独立了、强大了，在职场上不仅可以和男人瓜分天下，而且有的时候比男人更成功，这已经是一个“她时代”了。在这样的社会背景下，家庭里的分工协作关系就要做大调整，甚至出现龙在内、凤在外的新格局。

过去的婚姻的本质大多只是提供一个家，可是现在这个家可以有多种多样的组合形式。妻子苏蓝是一名职业女性，她颠覆了公务员丈夫王肖楠的男主外的传统身份，成了家里的顶梁柱。王肖楠从尝试、习惯到最终爱上了当“奶爸”的成长历程，做家务、带孩子、照料家庭日常的生活……原本生活是很和谐的，夫妻双方各自发展自己的所长。可是，妻子开始觉得这样不对了，委婉地希望丈夫“力求上进”，不要沉迷于家庭的安乐窝里，要出去干大事。

在动物的群体中，企鹅、斑头雁等一些水鸟的雄性都是属于“主内”的动物，由雄性负责孵卵以及照顾雏鸟，而雌性动物则负责觅食和生产……所以我们所说的奶嘴男也被叫做“水鸟男”。

在婚姻中，爱情更重要的是一种合作关系，因此，不管是谁主内谁主外，只要是稳定和谐的就是美好的、成功的！

苏蓝的想法是我国大部分人的习惯性想法，尽管她也受益并很享受丈夫的照料，没有后顾之忧地在职场打拼，但是，时间久了还是有点矛盾与不安，甚至在潜意识里还会莫名地轻视丈夫。因此，家庭要和谐地继续下去，妻子就应当改正旧的观念，更加全面地认识并接受水鸟男的作为，并且欣赏他的魅力。

丈夫可以拿来“爱”，更可以拿来“用”，妻子可以习惯性地用他，而且他也很心甘情愿地乐在其中，那么妻子又为什么要剥夺他“一丈之内”的夫的地位呢？

丈夫对妻子最实际的爱，就是为妻子服务，所以，妻子应当心安理得地接受这有些琐碎的爱。奶嘴男可以“安于室”，这就说明他已经找到自己生活的成就感，有牵挂、有责任感，他就不容易感情出轨，家，成了他最温暖的归宿。

从家庭教育的角度来看，男人对子女的教育和抚养方面往往更有优势，所以应该鼓励奶嘴男人的全面介入。

我们当今的社会大部分的家庭“男主人缺席”现象颇多，这种现象是很畸形的，缺少父爱的孩子性格方面总会有一些很明显的缺陷，例如胆小、过于内向、神经质、优柔寡断、自信心及责任心不足，甚至出现早恋，这是因为孩子缺乏父爱，就会从异性身上寻求满足。

当然我们也鼓励奶嘴男和妻子一起去参加一些社交活动，除了可以创造出一种比翼齐飞的双赢局面，还可以培养两个人的兴趣，从而加深彼此的感情，促进家庭的安定团结！

有奶嘴男，生活好幸福

幸福真的只是那么一瞬间的事情，只有那一瞬间才能让你体会到它的美，如果你觉得不幸福，只是因为你还没遇见能够给你幸福的男人，而我的他就是上天赐给我的礼物，虽然我承认他的语气中有着一丝“娘娘腔”，也就是人们所说的奶嘴男，但是没有想到的是，我就是被这个奶嘴男征服了，最终成了他的宠儿。

毕业参加工作已经整整五年了，我一直没有找到心仪的对象，不是因为自己的要求和标准太高，而是实在没有适合的，父母一直催着我结婚。在我的家乡，女孩子只要过了25岁，就不是你挑别人，而是别人挑你了，所以，在父母的眼里，我的婚事已经成了他们的头等大事了。

2006年的时候，公司因为工作需要，我到了另外一座城市。这下我总算可以离开父母的唠叨，过一过自在清闲的日子了，但是没有想到一个人独自在外的生活并不好过，有些凄凉，每次一回到自己的单身宿舍里，就连饭都懒得吃，此时，我真的很怀念老爸老妈的唠叨。为了不让他们担心，每次打电话的时候，还要忍着思念，把自己伪装得很坚强，生怕他们替我担心。

孙伟是我的同事，我们不在一个部门，由于工作的原因我们常常见面，我对孙伟的第一印象并不好，不是说他长得不好看，而是感觉他说话的语气中带有一些女人的味道，就是人们通常所说的“娘娘腔”。

在我的价值观里，我心目中理想的老公是要很有男人气概的，就像姜文一样，浑身上下都散发出一股男子汉的魅力，在拥抱的时候有一种安全感。这就是我给自己未来老公下的定义，也是自己择偶的唯一条件。但是，和孙伟的相识完全在自己的意料之外，当你认为越是不可能的事情，却偏事与愿违。

孙伟在我们公司的业绩一直很高，在整个部门中也是首屈一指的，这或多或少会让我觉得他的工作能力还是很强的。来公司已经好几个月了，我几乎把所有的精力都放在工作上，却没有发现孙伟一直对我有好感，只是平时大家在一起的时候，总能听到同事们之间开玩笑地说，孙伟对我怎么怎么样，我一直以为那些都是玩笑话，并没有放在心上。

孙伟很会说、很能说，只要有他在的地方，总是充满笑声，就是不听他说话，只是看他的样子，你也会哈哈大笑的。大多男人长得都很有味道，或者彪悍，或者潇洒，但孙伟却恰恰相反，孙伟一张口说话，就能听出那股女人的阴柔，就光看他那兰花指的动作，就让人觉得好笑，更加有趣的是，有人和他开玩笑，他居然还害羞，真是让人哭笑不得。正是因为如此，他才会成为公司里的开心果，人缘也是极佳的。

孙伟是南方人，所以没有北方男人的那种豪迈的气概，却有着南方人的那种纤细的气韵，正是因为那种精细，更让孙伟在工作上如鱼得水。

每年三八妇女节的时候公司都会组织一次聚餐，不仅仅是为了过这个节日，更多的原因可能是为了促进员工之间的沟通，借着这样的机会，大家也可以轻松一下，抛开工作中的烦恼，尽情地享乐。

吃完饭以后，有几个同事提议大家难得聚一次，不如一起去 KTV 唱歌吧，能喊的就尽情地喊，能唱的就尽情地唱，不能喊也不能唱的，就多吃多喝，总之以玩为主。有这样的提议，当然所有的人都很满意，我们一行人马立刻向 KTV 进发。

这一夜一直玩到后半夜两点的时候，我实在是坚持不下去了，便向其他人告辞，打算回家睡一个好觉。可令我没想到的是我前脚刚迈出来，孙伟就紧跟在后面，非要送我回家，我说我离家很近，走一段路就到了。孙伟一副一百个不放心的样子，非要坚持送我，看着他的样子，我很无奈地答应了他的要求。

我们两个人走在漆黑的路上，也没有什么话题可说，还是孙伟打破了沉默，说了一些关于他自己的事情。我问孙伟，你从小到大都是这个样子的吗？孙伟看了看我，我突然发现自己说错话了，伤害到了别人的自尊心。但是，孙伟却不以为然地说：“我从小到大都是这样啊，我自己觉得挺好的呀，至少我很体贴、心细，如果谁将来嫁给了我，那她一定是要享福了，因为我什么事都会做，绝对不会让老婆操心劳累的。”我说：“女人嫁给男人，又不仅仅是为了省那些家务活才结婚的，至少是看上这个男人，那可是自己的终身幸福呀！”孙伟有点女里女气地反驳我：“幸福是靠自己争取的，如果连自己爱的人都照顾不好，那还不如不结婚。”孙伟说着，我明显可以感觉到他的语气中带着一些敌意。现实的婚姻确实是这样，有多少男女都是因为不和谐而以分手告终，婚姻让人向往，同时也让人恐惧。当时，我还真有些好奇孙伟将来会和什么样的女人结婚。

可能是因为当晚睡得太晚的缘故，我早晨醒来，严重地感觉到头有些昏昏沉沉，不停地打着哈欠，我走进办公室的时候，发现办公桌上放着不知谁打包好的早餐和一杯热腾腾的牛奶，我心里还在揣摩，是谁对我这么好呢？怎么会有免费的早餐？是不是谁放错地方了？我朝四周看了看，也没有谁瞅着我，看来不是放错地方了。我端起牛奶，发现下面还有一张小纸条上写着：喝一杯热牛奶也许就不会感觉到头疼了。这个人还真的很细心。很少有人知道我不吃早餐的习惯，我是那种宁愿多睡一会儿，也不想浪费时间去吃早餐的人，在家的时候如果不是老妈逼着我早起，我才懒得吃早餐。没想到，时来运转，居然会有人这么好心，看来本小姐还是魅力十足的，我不假思索地开始享用起这顿早餐。

此后的一周，每天早晨都会有人为我送来丰盛的早餐，我于是开始好奇这到底是谁呢？我决定第二天早点来，“抓”住那个天天为我送早餐的人。

第二天，我没有像平时一样赖床，我匆匆忙忙地起了床，打理好衣服和头发，直奔公司，我一定要知道是谁给我送的早餐。走进公司，我向自己的办公桌走去，恰好看到孙伟正从他拎的口袋里拿出早已准备好的早餐。

我叫住了孙伟，孙伟很是惊讶，看来是我的突然袭击起了作用。我走过去，指了指放在我办公桌上的早餐，问他：“这些天都是你给我买的早餐，为什么？”平时能说会道的孙伟，一下子变得羞羞答答的。我说：“你不会真的对我有意思吧？如果是这样的话，我看你要打住了，我对你可是一点意思都没有，你离我心目中的白马王子还有很大的距离呢！”可能是我说的话太过了，孙伟语无伦次地说：“接不接受是你的事，做不做就是我的事了，喜欢一个人是没有错的。”说完这些，孙伟转身走开了，扔下我一人，像傻子一样的站着，真没想到，孙伟还这么有骨气，说起话来挺有一套的。

从那以后我便开始有意无意地回避孙伟，而孙伟却不像我所想象的那样知难而退，在我心里一直很“奶嘴”的孙伟，偏偏我行我素，完全不把我说的话当回事。

后来一件意外的事情让我对孙伟有了新的看法，孙伟的细心真的很受用。四月天气变化很快，明明已经感觉到天气开始变暖了，却又突然冷了起来，让身体一向不太好的我无法抵抗，最终还是病了——重感冒。人如果变得懒惰起来，对什么事都满不在乎，刚开始以为是小病，过几天就好了，根本没当回事，可过了几天，小病不但没好，反而越来越严重了，又打针又吃药，班也不能上了，只得请假回家休息。

看完病回到家里突然觉得冷冷清清的，没有人给我做饭，没有人帮我收拾房间，到处乱七八糟的，真的很想打电话给老爸老妈诉诉苦，可犹豫了一下，还是没有拨出电话号码。这时手机响起来，是孙伟，他问我怎么样了，说了一些很暖心的话，我听着听着，哇的一下就哭了，从小没离开过父母的我，哪受得了这些。电话另一头的孙伟说："你别哭，等着我，我马上就到。"

没多久，孙伟就敲响了我的房门，原来孙伟就在我家楼下打的电话，难怪速度会那么快。孙伟进屋之后问我："吃饭了吗?"我说："没吃呢。"我看到他手里拎着一袋菜走进厨房，要为我做晚餐，看着孙伟忙忙碌碌的身影，我突然觉得有个人照顾自己、心疼自己真的是非常美好的事情，那种感觉就好像全身上下的病都好了一样，感觉精神了很多。

不一会儿，孙伟给我端上来一些比较清淡的菜，他说："生病的人应该吃些清淡的菜。"他还说他病的时候，他妈妈就给他做这些吃的。被孙伟这么一说，我的肚子好像也开始咕噜地响，这几天其实一直都没有什么食欲，看到如此可口的饭菜，我不再顾及自己的淑女形象，将眼前的饭菜全部送进我那早已吵闹的肚子。

经历了这次的事情，我对孙伟开始有了好感，不再讨厌他是奶嘴男了，也不再讨厌他的“娘娘腔”。原来人的想法是可以因为一件事而改变的，当一个人对你有恩的时候，无论他有什么缺点，你都会无条件地接受，这可能就是一种包容。

和孙伟接触的时间长了，慢慢地发现他身上的优点还真不少。孙伟一有时间就会来我家帮我收拾家、洗衣服、做饭，就像一个“家庭主妇”一样，管着我的一切，而我也乐在其中。

我和孙伟在一起的消息，很快在公司内传开了，有人还来问我怎么会看上他。也有人对孙伟说，我可能只是和孙伟玩玩而已，不可能会和他真的在一起，等过段时间，公司调我回去之后，我就会和孙伟分手的。我对他们的看法嗤之以鼻，他们想怎么说就怎么说，嘴长在别人的身上，我没有办法，结果怎么样，就等着看吧。

每次和父母通电话的时候，我总会有意无意地提到孙伟，把他的优点说了一遍又一遍，父母觉得我找到了自己喜欢的人，别提有多高兴了，一定要早些见面，我只是没敢和他们说孙伟那一嘴的“奶嘴”，还是等到见面的那一天再说吧。

过年的前几天，我终于把孙伟领到了我的父母面前，丑媳妇当然要见公婆，而“奶嘴”老公，自然要见娘家人。孙伟一直说个不停，显然他有些紧张了，不知道我父母这一关能否过得去。我对他说：“你怕什么呀，就拿出你对我的温柔来对待两位老人，你肯定能过关的。”孙伟开始鼓足勇气，像战场上的敢死队一样。

当孙伟理所当然地站在父母面前的时候，父母的神情有点耐人寻味，他们一直觉得我眼光是那么的高，介绍了很多人都没有一个适合的，怎么会找孙伟这样的。我和父母解释说："那些好看的，不一定好用，好用又顺手，才是自己最喜欢的，如果要嫁就嫁一个可以一辈子让自己无忧的、又不会大男子主义的比较好。"

父母看着我对孙伟一往情深的样子，也不便说什么了，毕竟我年龄也不小了，我和孙伟也许就是有缘分，命中注定这样，他们再反对也没有道理。

现在，我们结了婚，还有了孩子，孩子现在才过一百天。人们都说女人生孩子是很痛苦的，可我却丝毫没有感觉到，我觉得孙伟比我还要累，每天不停地为我换着花样做饭，就连晚上起床给孩子喂奶，孙伟也要在一旁看着。有一次，我看他真的很累，不想打扰他，便自己去给孩子喂奶、换尿布，孙伟知道以后不但不领情，还说我不该不叫他，看他那说话的样子，我还真不明白，哪有这样的人呢，我这也是为他好，他反而说我的不是。

生活就是这样继续进行着，每天都处在欢声笑语中，我们一起感受阳光和雨露，每遇到一件事，无论是大事还是小事，大家都一起商量着办，一起作决定，但是家里的很多事情，孙伟还是会听我的，我为有他这样的老公而自豪幸福着。我没想到奶嘴男虽让人厌但更让人爱，也许他更能体会到做为女人的辛苦，才会真真切切地关心女人，才会将生活打理得有条有序。

爱情也许就是这样奇妙，没有谁会知道你的未来是什么样子的，当爱情真的降临的时候，你千万不要错过，因为错过了之后，你就再也没有回头的机会了。

有人可能不喜欢奶嘴男，认为那样的男人很不像真男人，有点中性的意思，其实我们不应该一概而论，奶嘴男并不一定就不好，而那些有男人气概的人也可能有很多缺点，无论人或物都具有双面性，要看你怎样去挖掘他们潜在的能力。

名人奶嘴男——迟到的另类春天

李安：奥斯卡首位最佳华人导演

在李安的一次访谈录的报道中看到，李安在纽约的时候曾在家里当了六年“家庭煮夫”。李安的妻子也并没有因为李安的这种顾家而感到不安，不仅如此，妻子还常常调侃他洗的衣服不干净，当李安在家掌勺煮饭的时候，妻子还会嫌他太碍事而不想吃他做的饭。在家庭中找不到肯定的李安，索性全身心投入工作，事业不但没有削弱了他对家的眷顾，反而成为华人的骄傲。当他站在奥斯卡的领奖台上，谁还敢否定他“一家之主”的地位？

车仁表：韩国人气偶像

据有关报道称，车仁表和太太辛爱罗刚结婚的时候，他因为疼爱妻子也很爱家，每天都和妻子抢着做饭、洗碗。但是，他的厨艺实在是太糟糕了，连碗都洗不干净，辛爱罗只好趁车仁表不注意的时候，重新把碗再洗一遍。苦不堪言的妻子提出：“如果你转行做‘煮夫’，我会累惨的。”吃力不讨好的车仁表恍然大悟，将家事留给妻子，自己远赴中国拍戏，才有了今天家喻户晓的成就。

在“持家顾家”这件事上，女人永远有比男人优越的先天条件，男人寻求满足感还需另辟蹊径，在这一点上，李安和车仁表深刻体会到了，但愿奶嘴男的爱妻们，也想办法让他们觉醒。

荧屏奶嘴男

很多电影多次拿奶嘴男开涮，其实也是很不公平的，电影是不可以这样对待一个“弱势群体”的。这只是无端增加了社会对某个群体的歧视。从一些相关话题的评论中来看，很多人已经把奶嘴男和同性恋画等号了，这不能不说是一种悲哀。

奶嘴男和同性恋之间的关系还有待于考证，但令人惊讶的是许多人已经不自觉地把奶嘴男视为同性恋，而很大一部分同性恋者也很认同这样的观点。一部分同性恋者竟然还自恋地认为，荧屏中出现的奶嘴男对同性恋群体是有好处的。此言一出，实在令人诧异，因为在大多数影视剧中奶嘴男都被塑造成了另类的类似于小丑似的形象，成了人们诒笑的工具、鱼肉的对象，这会大幅度地增加观众对这类人的歧视，从某种程度上加深了人们恐惧奶嘴男的心理。我们的社会需要和谐，和谐社会最基本的标准应该是懂得尊重他人，而电影作为一种传播文化、思想、意识以及娱乐信息的工具，更应该以身作则，引导观众。

仔细回想一下国内几部影视作品，其中也有不少拿奶嘴男和同性恋说事的作品。在这些影视作品中，同性恋往往被刻画成奶嘴男的形象：桃红脸、兰花指、翠柳腰、鸳鸯步、鹦鹉音成了“娘娘腔”的典型举止。这种丑化甚至妖魔化同性恋的电影以及导演似乎从中尝到了太多的甜头。

除了《梅兰芳》中的潘粤明、《风声》中的苏有朋外，《非诚勿扰》中的冯远征也是荧屏奶嘴男形象。而成龙和古天乐主演的《宝贝计划》中，他们二人就扮演了一对同性恋。

《赤壁》中的周瑜和诸葛亮见面后那种互相目视的暧昧眼神，也被一些网友解读出了略含同性恋的味道。其中陆毅版《少年包青天》电视剧中就有一个奶嘴男，且准同性恋形象——“花公公”。在那部电视剧中“花公公”的形象就如同《非诚勿扰》中冯远征扮演的形象一样，只是那个时候，人们还没有把同性恋和奶嘴男当做一种形象。

对奶嘴男形象最为“经典”的塑造莫过于《丑女无敌》中的陈佳明，他的行为动作都极其女性化。这个角色的塑造源于哥伦比亚版的《丑女贝蒂》，多年前央视曾经播出过《丑女贝蒂》，其中的一个设计师就被诠释成了同性恋。而在韩国影视剧中，我们也能看到类似的角色。据悉，很多国家版本的《丑女无敌》都塑造了一个荧屏奶嘴男的形象。

男歌手：不爱武装爱红装

静观如今的歌坛，很多走红的男歌手身上或多或少都有些中性化的趋势。这种趋势主要表现在两个方面：一是外在的形象和气质；二是歌路。在记者的访问中，几乎所有的歌手都没有意识到这一点，更没有表示要刻意地朝这方面打扮。

“奶油小生”一族：提起那些男歌手外在的形象和气质在逐渐的女性化或中性化，最为明显的就是很多男歌手的妆是越化越浓了。虽然男明星化妆已经不再是什么新鲜事了，自从有了“表演”一词，演员上台都是要化妆的，但那些只是表演的需要而已。可是现在不一样了，观众的眼球才习惯了女演员不化妆不让拍照的“规定”，就马上被男演员们堂而皇之地遵守了起来。据报道，有的男歌手已经把化妆当成了一种习惯，不化妆就不摘墨镜。在一些非正式的场合，有的男歌手也非要像女性那样只要出家门就一定得化妆。年轻的男人究竟有多少是需要修修补补的？一次记者在近距离采访某位来津签售的内地男歌手时，虽说他脸上的妆化得很完美，但那多见于女人脸上的厚厚的粉底、精致的唇形、修剪得整齐的眉毛以及鼻影和腮红，总令人有种异样的感觉。

一个娱乐杂志的记者曾经与一位形象设计师闲聊，那位形象设计师其实也显得很无奈地说：“现在的歌迷对歌手的要求真的是越来越高了，特别是偶像派的男歌手最容易一夜走红。经纪公司恨不得马上把本捞回来，歌手本人更是天天做着成名的梦。因此，打造完美就成了他们的杀手锏。”

男歌手们的脸都是在一双双“妙手”下“焕然一新”的，这还可以理解，而他们在服饰方面为什么也要和女人们凑热闹呢？紧身短款的上衣、花哨的裤装甚至连裙装都穿上了，身高本来不矮还要蹬上一双松糕鞋……对于这些现象，他们的理由也很简单：“这类衣服才会产生艳光四射、性感、前卫的效果！”因为，当今的歌迷更喜欢那些抢眼的形象。不过，某届“全球华语音乐榜中榜”的“最佳魅力男歌手”奖可是被一向爱穿西装的黎明捧走了！

“柔声媚气”一族：如果说起歌路方面的女性化，就要数闭眼听声音难辨男女的张信哲了。虽然周华健在唱《明天我要嫁给你了》的时候比女孩唱得还让人心动，但那只是他的一个例外而已，但是张信哲才是柔声媚气的鼻祖。但是，一些歌手却一味地学情歌王子张信哲“柔媚”了起来，他们的音域没有张信哲宽，这样反而会适得其反的。

明明是北方大汉，说起话来却嗲声嗲气，拿齿音字当成时尚，故意发出“嘶嘶”的声音，唱起歌来更是将“怪味”当“洋气”。这样的男人真的很有市场吗？其实，喜欢他们的只是那些十四五岁的小追星族们，因为他们也在“刻苦”地模仿，他们同样认为这是“洋气”！但是博取思想尚未成熟、辨别能力不强的少男少女们的喝彩声就是最大的幸福吗？

女歌手：内柔外刚自天成

不知不觉中才发现如今的歌坛里，以中性化形象走红的女明星似乎也已经排成了梯字队，尽管程度和侧重点都有所不同，但是她们与同班车的男明星相比，似乎少了些刻意的成分，而更多的是“浑然天成”。

女中音阵营：还不熟悉李丽芬本人之前，许多听者就会很纳闷这位“爱江山更爱美人”的歌手为什么起了这么一个女里女气的名字？可自打她的性别“曝光”后，歌迷对她的歌又增添了莫名的好感，恐怕很大程度上就是因为音色与性别的强烈反差。

以冷艳著称的梅艳芳是香港歌坛公认的大姐大，虽然有很多比她出道更早的女歌手，但她中性的嗓音中蕴涵着一种霸气，别人是难以比得上的。

“男人婆”阵营：如今这个时代女人漂亮已经没有什么可稀奇的了，男人漂亮成了最为稀罕的事情，反其道而行之的“男人婆”一下子旗开得胜，这其中最幸运的要数韩红了。

虽然韩红的歌一直是很“女人”的，但她的“酷型”和男人般大大咧咧的做派却也引来了“好声一片”。

内地歌坛大姐大那英是嗓音和性格都能“赚实惠”。在当今“男阴柔，女阳刚”的审美标准下的时代，她自然引得人们敬佩不已。

“中性化”的这股台风，风力虽然很强，但好在没有什么破坏性，倒不如比喻成一列“幸福快车”准确些。尽管人们还不知道它的速度究竟有多快，但最终一定会给不少人带来幸运，所以登上这趟列车的歌手自然是让人羡慕的，而赶着搭车的人也能够被理解了。可是像那些刚从车上下来的“丑星”们一样，风光过后，前景又怎样？难道不搭这趟列车就举步维艰了吗？或者，是该奉劝一下现在还没挤上车的人们，等一等，也许下趟车就是为你们而开的，何必对与你家背道而驰的线路如此钟情呢？

第二章 奶嘴男的三个与众不同

恋母情结

一个人在小的时候听话叫懂事，长大以后听话叫孝顺，可是如果他已经恋爱或者娶妻了，遇到大事小事还是会在第一时间打电话给妈妈——回家的途中迷路了，打电话问妈妈怎么走；买哪件衣服拿不定主意，也要请教妈妈，然后他会告诉你“妈妈说买这个”。你顿时会觉得他的妈妈在你们的生活中时时刻刻存在着，小到穿衣吃饭，大到生活工作，都要靠她的管理和指挥。在妈妈的庇护下，他就是一个永远也长不大的孩子，即使已经超过30岁了。

概述

恋母情结在专业术语中即为“伊谛普斯情结”、“俄狄浦斯情结”、“伊底庇斯情结”。在精神分析理论中是指以本能冲动力为核心的一种欲望。俗称男性的心理倾向，就是不管多少岁，都总是依恋妈妈，听妈妈的话，在心理上还是个没有断奶的孩子。所谓“情结”是指情感上的一种包袱（人称 Mama boy）。

来源

恋母情结最早来源于古希腊罗马神话和传说。据说底比斯国王拉伊俄斯受到了神谕的警告：如果让他的新生儿子长大，他的王位和生命就受到威胁。于是他想了一个办法，让猎人把儿子带走并将其杀死。但猎人动了恻隐之心，于是把婴儿扔到了路边，结果婴儿被一个农民发现并送给他的主人养大成人。

很多年以后，拉伊俄斯去朝圣，路上遇到一个青年人并与之发生了冲突，他被青年人杀死了，这位青年人就是俄狄浦斯。俄狄浦斯后来破解了斯芬克斯之谜，被底比斯人民推举为王，并娶了王后伊俄卡斯特。后来在底比斯发生饥荒和瘟疫，人们请教了神谕，才知道是因为俄狄浦斯杀父娶母的罪行。俄狄浦斯挖了双眼，离开底比斯，四处漂流。

本质

恋母情结的本质是相似和互补。以男性为例子，他与其父同性，所以会很相似，因相似而引起了认同，使得男性以父为榜样，处处向父亲学习和模仿，因此把父亲的特点和品质都当成自己心理特征的一部分。

男性因为与母亲不同性，所以两性可以互补，取长补短，相依为命，这就像是恋爱。于是，男性就自然而然地与自己的父母形成了最基本的一种人际关系，这种关系可以用“恋母仿父”来形容。恋母和仿父经常会相互促进。父亲爱着母亲，而男性也会模仿父亲，越来越爱母亲；母亲爱着父亲，男性为了可以赢得母亲的欢心，也想方设法让自己越来越像父亲。

恋母情结是最早的人际关系，男性在长大以后的种种人际关系都不同程度地受恋母情结的影响。或者可以说后来的人际关系都是恋母情结的转变。心理学家把恋母情结及其变化进行了编码：三到六岁被称为第一恋母情结，而步入青春期后就出现了第二恋母情结，这时期男性的对象已经不只是自己的父母，而是他们的替代者，也就是家庭之外的长者，父母的朋友、自己的老师、历史上的名人或当红的明星等，模仿他，崇拜他；互补作用表现为爱上一位年纪比自己大许多的异性，这种现象叫做“牛犊之恋”。

这个时期的男性喜欢编造“身世幻想”，其特征就是把自己想象成不是现在的父母所生，而是从垃圾堆里捡来的，“亲生”父母比现在的父母要高贵得多。身世幻想与英雄神话关系密切：挥别了养父母，踏上了寻找亲生父母的旅途，经过了一番艰难险阻终于找到了自己的亲生父母。显而易见，身世幻想和英雄神话就是第二恋母情结的体现，只是亲生父母被换成了养父母，而父母的替代者被换成了“亲生”父母。

随着年龄的增长，恋母情结的对象也在渐渐年轻化，最终被同龄人所取代。在这个时候，相似的作用表现就是和同性的同龄人形成了一种友谊关系，而互补的作用就体现在与同龄异性的相爱相恋中，真正意义上的友情和爱情产生了。这也就是我们所说的第三恋母情结。

那么为什么恋母情结的对象会愈来愈年轻化呢？因为恋母情结的对象虽然来源于父母，但又不是真实的父母，而是意象中的父母。心中的意象是不会随着年龄的增长而增长的，因此，个体在长大，而父母意象不长大。相对于个人的年龄，父母意象越来越年轻，恋母情结的对象也越来越年轻。

形式

第一恋母情结的相似作用的表现形式为仿父和杀父两种形式，第三恋母情结的相似作用也有两种形式，一种是合作，另一种则是对抗。起初，这两种形式指向的是不同的人，就是一些人是合作，而另一些人是对抗，把其他人都分为敌和友两种，且爱憎分明。互补，也是如此，精神恋爱和性爱两种模式，分别指向不一样的异性，把女人分成妓女和女神，把男人分成流氓和君子。随着人格进化而不断成熟，很多人都能够把敌人和朋友统一起来，人际关系既有了合作也有了竞争，也可以把爱和性放在同一人身上。当然也有一些人一辈子也统一不了。

第三恋母情结也有两种很特殊的形式，被学术界称为“安提戈涅情结”和“该隐情结”。安提戈涅是古希腊神话中著名的人物，她深爱着自己的哥哥波吕尼刻斯，哥哥死后，她不顾禁令埋葬了他的尸体，因此被活活地砌在陵墓中自杀身亡。该隐是亚当和夏娃的儿子，因为嫉妒所以杀死了自己的兄弟亚伯。兄妹乱伦的主题多见于神话故事，就像埃及的奥西里斯和伊西斯、中国的伏羲和女娲、希腊的宙斯和赫拉等。同胞相残的主题也很多，除了希伯来的该隐和亚伯，还有埃及的塞特和奥西里斯等。此外，宫廷政变也总是同胞相残的主题。等自己结婚了有了子女，父母的意象就被他们的子女所取代，恋母仿父变成了“恋女仿子”，这就是我们所说的第四恋母情结（也被称为“李尔王情结”）。父亲偏爱自己的女儿，母亲偏爱自己的儿子，是非常普遍的现象。“仿子”成了“子仿”，其表现形式就是望子成龙、望女成凤，以自己的一套标准去要求子女，让子女成为自己这样的人或自己想象中的那种人。所以，也不难看出，第四恋母情结与第一恋母情结是相互呼应的。儿子恋母仿父，而母亲恋子，父亲为儿子做示范，希望儿子模仿自己。

同第一恋母情结一样，第四恋母情结在最初的时候，也是非常纯洁的，只是到了后来便夹杂了性和暴力。这个时候，孩子已经进入青春期，面对亭亭玉立的女儿，父亲就不知道该怎么表达自己的情感了，而身强力壮的儿子对父亲已不再唯唯诺诺了，父子之间通常会因为一些小事而产生小矛盾。对母亲而言，也大致如此，女儿成了对手，儿子成了诱惑。于是，第四恋母情结受到压抑，进入第五恋母情结。

随着第四恋母情结的谢幕，子女之外的年轻人取代了自己的亲生儿女。子女之外的年轻人范围当然很广了，除了自己的亲生子女都可以。有些老人钟爱自己的学生，有些老人喜欢认干儿子，有些老人喜欢别人的孩子已经胜过了喜欢自己的孩子。还有一些老人溺爱孙子，经常为了孙子而跟儿子闹矛盾，也是第五恋母情结的表现，因为孙子也是“子女之外的年轻人”。

春秋时期，晋国的大臣赵盾辅佐晋襄公。晋襄公死后，其子晋灵公继位，残害臣民，荒淫无道。赵盾曾多次劝他改邪归正，可是灵公不但不听劝，反而对赵盾怀恨在心，赵盾不得已而出逃。随后其弟赵穿发动了一场政变，杀死了灵公，拥立襄公的弟弟即位，即晋成公。

此时，赵盾被晋成公请回来主持朝政。其子赵朔娶了成公的姐姐。成公死后，其子景公继位。大夫屠岸贾原来是晋灵公十分宠爱的臣子，一向助纣为虐，对赵氏早已怀恨在心，恨之入骨。他对景公说：“灵公遇难，祸首是赵盾，以臣弑君，应当灭族。”此时，赵盾一死，景公便将赵朔一族全部杀死。赵朔的夫人因有公主的身份，幸免于难。于是她回到王宫，生下遗腹子。屠岸贾闻听此事后，到宫中寻找想斩草除根。赵夫人就把婴儿藏到了裤子里，屠岸贾果然没有搜着。就在这危难之时，赵氏的两个门客公孙杵臼和程婴将赵氏孤儿营救出来。于是二人商议，最终程婴将自己的婴儿，由公孙杵臼藏起来，然后程婴就向屠岸贾假装告密。屠岸贾领兵抓到公孙杵臼把那个婴儿当即处死，而公孙杵臼也因此丧命。而程婴抱着赵氏婴儿，逃到偏僻的山林里躲藏起来。

孤儿取名为赵武，15 年之后，景公患了重病，让卜者占卜，卜者说其得重病的原因是错杀了功臣。大臣韩厥一向和赵氏关系密切，于是借此机会对景公说：“赵氏世代有功，被错杀灭族，老百姓都为之不平，应当恢复名誉，给予重用。”景公听了韩厥的话，立即派人把赵武和程婴接进宫来，让赵武继承了赵氏原来的俸禄、封地。赵武又奉景公之命，杀死了屠岸贾。后来赵武的曾孙赵襄子和韩氏、魏氏三家分晋，建了赵国。

赵氏孤儿的传说，两千多年来广为流传。元朝时期还被搬上了舞台，直至如今，京剧和其他戏剧还在不断上演《赵氏孤儿》的故事，经久不衰。

这种“舍子救人”的行为就是我们所说的第五恋母情结。

在《沉香救母》的故事中也有过类似的情节。

民间传说汉士子刘向进京赶考的时候路过华山神庙，在题诗的庙中，戏弄庙神华岳三娘子，三娘一怒之下想要杀死他，得太白金星之告，说她与刘向有三宿的姻缘情分。三娘子最终与刘向结为了夫妻，三天过后，刘向赠给她沉香然后离开，还嘱咐她日后如果生了孩子，就以此为名。三娘子不久就怀孕了，其兄二郎神发现以后，怒提华山，将三娘子压于山下穴中。三娘子在穴中生下了这个孩子，取名为“沉香”；又遣夜叉送与其父。

沉香长大后，寻母华山，遇到何仙姑授以仙法，又窃得萱花神斧，与他的舅舅二郎神大战于华山。二郎神请诸多神相助，沉香得到了众仙的协力，舅甥各显神通，神仙混战，胜负难分。后来玉帝敕太白金星宣布休战，沉香因得斧劈华山，救出了娘亲，母子终于团聚了。在今天的华山莲花峰翠云宫西莲花石旁有一巨石，长约 10 米左右，裂为三段，如刀斩斧截，后人称这个为“斧劈石”，传即沉香救母时斧劈华山所遗。沉香杀了人，他的后妈王氏为了救他而让自己的儿子去抵命。

影响

有很多人都否认恋母情结的存在，因为他们始终没有发现自己有恋母情结。按照弗洛伊德的思想，这就是压抑的后果，没有发现并不代表事情本来不存在。英国人类学家马林诺夫斯基认同恋母情结的存在，但却否认恋母情结的普遍性，因为太平洋诸岛上的原始人是没有恋母情结的。

这是他在深入调查研究原始人的生活之后得出的结论。他发现，在一些母系的部落里，儿子不会和父亲发生矛盾，他们永远都是知己，“杀父”的念头也一般不会发生。同时他还发现，男性对舅舅是一种既敬又恨的情愫。很明显，马林诺夫斯基误解了恋母情结。恋母情结中的父母不是生物学意义上的父母，而是心理上的父母。如果一个孩子自出生起就被其他人收养了，他的恋母情结就不会是指向他的亲生父母了，只能指向养父母。

在母系社会里，父亲其实只是一个族外人，在家里没有地位，但舅舅却在母系社会里行使着男主人的权力。家中的男主人就是心理上的父亲。男性即恋母仿舅、亲母疏舅或杀舅娶母，正是母系社会的恋母情结的表现。

中国是文明古国，进入父系社会的时间也很早。但是，母系社会的残余影响迄今为止仍然存在着。比如，尽管舅舅是外姓人，但舅甥关系都比较亲密，兄弟分家都会请舅舅来主持公道。中国人的恋母情结完全有可能表现为“恋母仿舅”。《沉香救母》的故事中，沉香“抗舅救母”其实就是“杀舅娶母”的一种变形。由此可见，恋母情结是一种普遍现象。

有恋母情结的男性和自己的妻子之间的关系或多或少都有些不和睦，有恋母情结的男性若听到妻子说自己母亲的坏话就会达到一种几乎是无法忍受的程度，甚至自己也有种莫名其妙的罪恶感。也因为这样，常常会与妻子吵架，这样，夫妻关系的裂痕就会越来越大，最后到达了不可收拾的地步。造成这样的结果其一是男性本身的原因，其二是男性的母亲的原因，做母亲的没有意识到自己的言谈举止影响了儿子与其妻子的关系。

有恋母情结的男性一般没有什么主见，缺乏进取心，因此这些男性很害怕失去母亲的疼爱，所以一直是窥测着母亲的脸色，抑制自己的想法，为了讨好母亲的满意而生活着，因为过分地依赖母亲，所以思维方式和言谈举止都很女性化。带着这样的生活态度和模式进入社会，多数是软弱的人，没有别人的指令，就不能行动，缺乏自主意识，精神容易慢性萎缩。

有恋母情结的男性习惯于单方面获得，不知道该如何主动地去为别人付出。有一个男人去医院看望母亲不但没给母亲带一些东西，反倒把别人给母亲带去的水果给吃光了，然后在母亲的病床上睡着了。在他心里，接受母亲的爱就等于爱母亲了。

如果男性想要克服恋母情结，首先要改变对母亲的一种认知态度，不能常常依赖母亲和对母亲撒娇，而应当照顾母亲；不该让母亲听自己哭诉，而是应该听母亲诉苦；不再向母亲要零花钱，而是把自己挣的钱给母亲花。总是被别人体贴、宽容，就永远长不大。

点评

这其实是一种很正常的体现，既然发生了就不要刻意地去改变，最好的解决办法就是找到母亲告诉她——我爱你。这样一来，心理没有了结，等到长大了遇到真正爱的女孩，那时候你就会知道什么是爱，爱母亲和爱女人的感觉是不一样的，这样恋母情结也就解开了。

另一种解释就是有着恋母情结的男性从小可能因为母爱缺失而形成的一种情结。有恋母情结的男性长大成人后，内心还有着对母性关爱的强烈需求。其表现为疯狂地追求很多女性，但并非是爱情，而仅仅出于对母性的渴望，在得到以后就会对其失去兴趣，随即抛弃。但对于异性的追求却不会终止。而在他内心深处真正爱的人，却是自己的母亲或是记忆中一个与母亲最相似的人。

自私专横

> “你的是我的，我的还是我的。我就喜欢这样。”请相信，你的奶嘴男人这样说的时候，脸上的表情绝对不是凶狠残暴的，甚至还会带着无辜的天真微笑。他从小已经习惯了用这样的方式霸占亲人的宠爱，习惯了手指所到之处都是他的领土。因此，在他的眼里看不到你的痛苦和无奈，在他面前，你只要乖乖奉献就好。

在很多国家，女人们都不认为男人的长相有多重要，这和我们国家的女性有很大的不同。帅是选男友的首要条件，说出来会觉得很可笑。如我们前面讲到的故事，男人们都不清楚他们自己，好像裹着越来越多的纱网。一个女人的肉体才是男人想看清楚的，他们不太在意女人的心里是否爱他们，喜欢与女人保持一定距离，让他们放心，有安全感，就像故事里的一个男人后来对女人说的那样：“总得给我一个倒车的机会，我不能让女人爬上头来，也不能让女人决定我的幸福，我情愿不幸福。”

说到底，男人就是一个永远也长不大的孩子，内心是很脆弱的，但表面上还要硬撑着，嘴上却还不饶人。其实真的很可怜，他们是一群迷失的狗——记住，不是狼不是羊。

他拥有马尔蒂尼般帅气的外表，却没有马尔蒂尼般沉稳的个性；他拥有巴乔般的球技，却没有巴乔优雅的品性。他有着很好的天赋，球技也出神入化，令人如痴如醉；他行为放荡不羁，让人不知所措。喜欢他的人会亲切地称他为天使，而讨厌他的人则会厌恶地叫他魔鬼。他就是这样一个人，让人爱也让人恨。他，就是卡萨诺。

他才华横溢，年纪轻轻就用出类拔萃的球技征服了世界，他就是一颗冉冉升起的巨星。

他的球技惊人四座的表现曾经让多少人感叹他是意大利足球史上最有天赋、最有才华的足球明星，他精彩绝伦的足球表演曾经迷倒多少球迷，曾经让多少意大利人把他当做意大利足球的旗帜来培养。他曾经在最后时刻上演精彩的绝杀，力挽狂澜，让低迷的罗马队立于不败之地，他曾被公认为是意大利国家队新一代的旗手，他也曾经被人们定义为罗马队的又一个象征。他就是这样，一个让人无限仰慕的天才少年。

他就是那样一个真实的人，从来不伪装自己的喜怒哀乐，无论是爱还是恨。

球队失败，他黯然神伤，那忧伤的眼神让人深深地感受到他对球队的热爱；他在国家队被淘汰后一个人黯然泪流，那悲痛的表情让人生出无限疼爱之情，他是一个很感性的男人，他把一手带他长大的托蒂称为大哥，他也尊敬地称一手栽培他的卡佩罗为父亲。他就是这样，从不掩饰对国家、对关心和帮助他的人的爱。

他也曾经为一些很不值得一提的小事和自己的偶像托蒂吵得不可开交，他也曾经因自己的意见与主教练的意见不同而与视自己如儿子的卡佩罗闹翻天。

他就是这样，不管怎样，都不掩饰自己的情绪，不管面对的是哥哥，是父亲还是培养自己的俱乐部。

他就是那样的倔强，从不屈服于任何人。

倔强的人生来就有一种与众不同的个性，但是在很多时候，倔强会成为成长的阻碍，当卡卡逐渐成为豪门AC米兰的中场核心时，当吉拉迪诺向意甲的射手王发起强有力的冲击时，倔强的他却因为无论怎样都不向俱乐部认错而被俱乐部封杀而身陷无球可踢的尴尬境地。

他就是如此的倔强叛逆。当然，倔强叛逆的性格也让他吃尽了苦头。相对于同龄人的得意来说，如今的他失意至极，当别人都在成长进步的时候，他却在原地站着挥霍着自己的天赋。

他的身上多了一份任性和随意，少了一份责任和义务；多了一份霸道，少了一份温情；多了一份稚嫩的张狂，少了一份少年的老成。但是尽管如此，他仍旧不在乎别人的褒奖、别人的眼光。“走自己的路，让别人去说吧。”这是他的人生哲学。

他不是一个成熟的男人，而是一个毛糙的孩子，一个还没有长大的孩子！

甩手掌柜

如果你想要和他长期生活在一起，那么你必须要做好身兼数职的准备，你可能会是保姆、厨师、护士……甚至换电灯泡这样的小事可能都需要你帮他完成。

“我不会、我不懂、我不干!”是他的口头禅。哪怕你有八只手也做不完的家务，他都会视而不见。忙碌的星期天，他会和网络游戏从早厮守到晚，似乎现实世界只有在他需要的时候才存在。

妇女独顶半边天

《环球时报》曾经采访过芬兰的女人，在短短的几天访问中他们发现芬兰的女人真的很能干。有一天，记者前往距离首都赫尔辛基东部大概 200 公里的维尔拉造纸厂参观，顺便到附近的湖中小岛一游。来到湖边，一位 50 岁左右的女人热情地招待他们上她的小船上游玩。她上身穿着一件白衬衣，下身穿着红黑条相间的长裙，披着一件黑色坎肩，是当地传统服装样式，很是精干的样子。她说她叫丽达，她和她的丈夫及他们的一对夫妻朋友带记者去湖中小岛。

即将接近小岛的时候，水突然变得很浅了，船暂时无法前行。这个时候只见丽达挽起裤腿，和另一女人一下子跳进冰凉的水里，两人就这样到了对岸的小岛。她们两个一趟又一趟地从岛上搬来长木头，搭起来一座简易小桥，让船上的人踩着“小桥”上岸。然后，这两个女人又将上岛要用的炊具从船上搬了下来。而两个大男人却在一旁站着，只是动口，却不动手。

丽达过去在芬兰一家大公司驻挪威的代表处工作，1998

年回国后办了一家自己的旅行社。知道的人都以为是她和丈夫一起办的，但其实这家旅行社只是她一个人打理。

谈起妇女这个话题，芬兰的朋友告诉记者，芬兰有着不少的“女强人”。记者也因此得到一份本届中央政府部长名单，16位部长中有8位是女部长。据数据显示，上届政府的国防部长就是女性。在本届议会200个席位中，女议员就有73位。在国家公务员中，女性占了一半。

在企业界，女性也占有很大一部分。

甩手掌柜遭抗议

因为生活的琐事而引起唠叨和矛盾在现在的家庭中并不少见。曾经看过青岛新闻网青岛社区婚姻家庭板块的网友“koshwang”一个关于老公到处乱扔东西、不干家务的帖子，引起了许多妻子们的共鸣：两个人都要工作，回家都很累，为什么男人可以当“甩手掌柜”，袜子随手一丢，坐在沙发上就什么都不管了？

丈夫“生活不能自理”

网友“koshwang”结婚已经一年多了，她的丈夫在家只是在饭后洗洗碗，叠被子、洗衣服、收拾屋子的事情从来都不会做，衣服随手扔，东西也随便乱放，“他以为勤洗澡就是讲究卫生了，却不知道衣服也要洗”，koshwang不禁发问：男人都这么“不拘小节”吗？

起初，koshwang整天跟在老公屁股后面，他前面扔，她后面收拾。她在帖子里说，她终于明白电影里边那些看起来生活美满的家庭主妇为什么要自杀了，天天重复干这些琐碎的小事，而且很多都是随手能弄好的小事，怎么能不烦？

如今 koshwang 彻底烦了，再也不想管这些烦心事了。她说，家里乱就乱吧，衣服脏到没办法再穿的时候他自己就会想办法，她也懒得伺候了，要收拾就吆喝着一起干。真不知道怎么能让他主动承担一些事情，不要把家当成旅馆。因为丈夫的“恶习”甚至已经影响到了他们要孩子的计划了，因为 koshwang 想让丈夫能够自理了再要孩子，不然家变成猪窝不说，她不累死也得烦死。

网友共鸣

20 年后他开始干活

这个帖子一发表就引起了许多网友的共鸣，作为妻子的女人们纷纷上来大倒苦水：

Pianogougou 说：“我家也这样啊！都快愁死了！我不想年纪轻轻就成为唠唠叨叨的怨妇，可是现实偏偏就是这样。”

网名为路人甲的妻子说：“刚结婚的时候，他也是什么都不干。现在我们结婚十几年了，老公也慢慢地学会了收拾家、洗衣服了。吵架是解决不了问题的，你可以故意装作身体不舒服，比如干得多了就会腰痛，月经那几天不能碰冷水什么的，引发他怜香惜玉的神经，应该可以奏效的！我在家里到处都贴着警示语，‘随手关灯’‘进门脱鞋’‘出门前关灯’等，我老公说简直是闹革命！”

也有一部分 80 后的网友们认为，家就应该有家的样子，太干净了有一种旅馆的感觉，要允许有一种“杂乱的温馨”，不能要求太高，也不可能一尘不染，气氛好就行了。

网友颜如玉说：“家本身就是一个避风的港湾，每天都一尘不染的岂不是很累？”

还有网友说：“男人其实就是小孩，要慢慢地调教，我的丈夫以前什么也不会做，可是现在会做很多家务了，不过我付出了20年的培养时间。家是个温馨的地方，所以快乐要比干净重要得多，女人是决定一个家风的关键人物，靠的是聪明、智慧和耐心。”

支招

偶尔学学上海女人

当一群男人在酒吧聚会的时候会聊些什么呢？他们一般会在中间找一个比较“衰”的人，然后一起调侃他。被调侃的这个人，一定是在家属于妻管严、干很多家务活的男人。大男子主义的男人会觉得干家务活是一件很没面子的事情。一般男人会一到家把钥匙一扔，把袜子一甩，坐在桌子前把电脑一开，看着老婆里里外外地忙活，他“大老爷们”的自豪感就会油然而生。但是如今的社会变了，“男主外女主内”的时代已经在渐渐过去，女人也要出去工作，女人回到家也很累，家务活都让女人自己做，她怎么能不烦、不委屈呢？

上海男人顾家在全国是出了名的，上海女人的嗲和娇也是出了名的，这两者之间有着怎样的关系是非常值得女人们研究一下的。上海女人的聪明之处就在于她们就算结婚生子，也不会让自己变成黄脸婆，她们对待老公就像对待情人那样，会撒娇、会发嗲，会让男人感到自己被依赖。

第二章　是谁成就了奶嘴男

奶嘴男的鼻祖

说起来，奶嘴男的鼻祖应该是魏忠贤，据说，当时的南方男人说话嗲嗲的完全是一种追星效应。当然，这只是一句戏言。实际上，魏忠贤是河北人，和南方男人没有半点的关系。

一些男人的奶嘴情结其实非但不是一种变态行为，反而是一种忍辱负重的情结。若说在外形上要想与另一些男人一拼高下，那是肯定不可能的。一个身高体重在平均水平的一些男人想要和另一些男人单挑一场，谁都知道结局；另一些男人虽然高大威猛，好像除了拳头，也没有什么好依靠的。你以为别人都是一些可怜虫，在你面前一直保持楚楚可怜的样子，但事实上他早就设计好了下一步的计划。

一些男人的“奶嘴行为”其实是十足的绅士行为，想要博取女人的芳心，关键所在是要投其所好。虽然生活中经常会有很多女生表示很讨厌奶嘴男，不过谁又敢否认死缠烂打和甜言蜜语追求女人就一定没有成绩呢。他软语温言是想要千方百计接近他所追求的女性，装成和女人相似并不是他的

本意，只是一种目的而已。试问，有哪个女人会接受一个凶神恶煞、讲话硬邦邦的男人而去拒绝对自己情意绵绵的绅士呢？就算你是芙蓉姐姐那种另类个性的女性也不会如此自虐吧。所以，嫁给奶嘴男是前世修来的福气，如果一不小心嫁给了“爷们儿”，只能自求多福了，别想要他深入你的内心来了解你的病痛疾苦，更不要去想会出现一些浪漫场面了。

奶嘴男是有文化体现的，南方的男人“糯滋滋”是因为喝多了水，和南方女人一样，他们生活的四周都是水，水润的江南，没有牛羊，倒是养育了很多水润的南方女人和南方奶嘴男人。它体现出了南方人优点中最精粹的那一部分：细致、温柔、柔韧。水其实就是一种文化，吴越文化中的隐忍含蓄、谦卑以及对对手的尊重和重视造就了南方的奶嘴男。而这些优点恰恰是北方男人缺失的。

“英雄儿女”日渐少

每天早上儿子吃过早饭以后，我都手忙脚乱地给他穿衣服鞋袜，把他送出门的时候，总是可以想起《笑傲江湖》主题歌里那句歌词：英雄儿女日渐少。

打发走少爷上学后，我深深地呼了一口气。颇有英雄末路之叹，我觉得非常有必要告诉我的儿子，长大以后一定要像保护绝种动物一样保护他的娘，不然谁罩着他啊，我嘴里念叨着说：“我们这一代人可没有像他这样的奶嘴男。”老公马上反驳说：“怎么没有，你们家那两个，我大舅子和小舅子，不就是典型的奶嘴男吗？”

我恍然大悟，终于知道我们家奶嘴男出自哪里了，与其说是由于基因的遗传，不如说是教育模式的遗传。我的哥哥和弟弟是我的母亲抚养长大的，我的儿子是我养大的，但是结果却出奇的一致，都养成了四体不勤、五谷不分的奶嘴男。

贾宝玉也是地地道道的奶嘴男，那是因为他有资格成为奶嘴男，他是贾府的阔少爷，吃喝拉撒都有丫头婆子管；咱普通老百姓家没钱，奶嘴男照样也能横空出世。

我哥哥是我们家里的老大，我记得从小到大他做过的唯一一件家务事就是焖过一次米饭，还没有焖熟，米是米，汤是汤，一点都不混乱。

还记得有一次，我嫂子不在家，他和他女儿早晨要同时上班上学。这个奶嘴老爸居然可以心安理得地呼呼大睡，让上小学的女儿起来做饭给他吃，做熟了还要喊："爸爸，不要睡了，快起来吃饭了。"

还有一次，我们两个家庭带着孩子们去山里旅行，爬山结束准备吃饭的时候才发现山脚下的饭店居然没有一家是我们看得顺眼的，于是我们一致决定开车出山去，到市中心去吃饭。也许是爬山消耗了过多的体力，再加上过了吃饭的点已经很长时间了，饥肠辘辘，于是一路上我大哥就开始闹情绪，不停地唠叨，抱怨我们为什么不凑合在山脚下吃点算了。

我心里嘀咕：孩子们那么小都能忍着没有说什么，你这一个大男人已经在这里先闹鬼捉妖地折腾上了。最令人无法忍受的是，当我分发鸡腿先垫补一下肚子的时候，他竟然一下拿了两个，完全不顾别人有没有。我实在看不下去了，咬牙切齿大喝一声："和孩子抢吃的，你好意思吗你！"

我的弟弟还算是比哥哥强一些吧，会做饭，但是绝不轻易做，那得看心情好的时候他才有兴趣展示一下，或是为了向亲朋好友展示一下自己的做饭技能。我记得我怀孕的时候他还给我做过豆花鱼，他所展现的只是心理上的不独立，结了婚了，有了老婆孩子了，自己也有房子，还非要和妈妈在一起住，赶都赶不走。偶尔回自己家住上几天，但如果感冒头疼什么的，还要打电话过来问妈妈该吃什么药。记得我弟媳妇怀孕的时候反应很厉害，而那几天我妈妈没在家，弟弟十万火急地打电话问我：“姐姐，你说该怎么办啊，我老婆在吐，你快过来吧，你快过来吧。”我哭笑不得，电话里指导了一通，这才作罢。

值得一说的是，我伟大的母亲当初固执地认为女孩子必须要学会做一些家务，坚持把我训练了很长的一段时间，使我的家庭技能在这几个孩子当中“鹤立鸡群”。即便是这样，我在她眼里还是不行的，看不下去的时候干脆抢过来自己做，用她的话说就是“看你们干活我心里就烦，还不如自己受累做了，图个清静”。

瞧！奶嘴男就是这样被妈妈炼成的。引以为戒，我家的这个少爷以后一定不能再这样教育了，一定要让他学会吃苦受累，独立自主，好让英雄儿女再增加一个。

是谁在提供奶嘴

我见过的最极品的一个奶嘴男，是他在被一辆三轮车擦伤后，哭哭啼啼地打电话给他的妈妈，说：“一定要来，我不知怎么处理！”先前还吊在他膀上的女朋友，当即甩手而去，留下一个英明果断的背影。

我偶然间看见一个朋友在他的博客里写下的一篇日志，题目是《妈妈走了》。他说，妈妈走之前，做饭——“我妈来”；收拾家——“我妈来”；洗衣服——“我妈来”；接送孩子——“我妈去”；交电话费——“我妈去”……

他在家里基本都是饭来张口、衣来伸手，他的老婆也因此跟着享福，所以锅盆从来不碰。他的母亲也乐意，因为“大孩子工作压力大，小孩子学习压力大!”说这些话的时候，老母亲直咂嘴，恨不得替孙子上学、替儿子上班。就这样，一家三口在这位六十多岁的老妈妈日渐稀疏的羽翼下，一直优哉游哉地过着每一天，从未觉出生活的琐碎。

有一天，他的妈妈因为有事要回趟老家，朋友冥思苦想了整整一夜，他合计着以后该几点起床、几点做饭、几点送儿子上学。第二天一大早，他发现一向“水土不识”的妻子居然在洗衣服，而他八岁的儿子更是一个奇迹（平常上学的书包都是奶奶背啊)，在不打扰父母睡觉的情况下，已经在厨房自己炒了一碗蛋炒饭，正自个儿在客厅就着白开水吃呢……

突然之间，朋友感到了一种成长的快乐，他“涕泪交加”地在博客里深情地总结着：“我发现，我妈妈走了，我们全家都长大了……”

这篇没有什么文学含量的网络日志，应该引起人们深思了：世界上究竟还有多少个妈妈正用自己的任劳任怨的“无私的爱”剥夺孩子“一夜长大”的机会。我们总是歌颂母亲一生的操劳，可是，又有多少人知道，过度的护卫就是干涉、就是侵害、就是溺爱。母亲总会有老的一天，也总会有死的一天，聪明的母亲会在合适的时候学会放手，让自己的孩子早点脱离奶嘴，长大成人，然后承担起应该承担的社会责任。所以，天下的母亲千万不要再用爱的名义给自己的孩子无限期提供奶嘴。不需吃奶的成人终日含着奶嘴，能有多快乐？

奶嘴情结事出有因

如今，不少女孩子总是抱怨自己的男朋友越来越像奶嘴男了。这一现象并不是只是中国才有，在全球已经成为一种日趋普遍的现象，在很多发达国家，男性的体能越来越不如女性。科学家们研究发现，男性婴儿生殖器官异变的现象也在逐渐增加。

近几年，美国、英国、瑞典等发达国家的医学专家们已经开始对这一问题进行系统的科学研究和分析，专家们因此也注意到了两点：一是男性性功能的衰退；二是男性体内雌激素过量增加。由此，科学家们也找到了一些原因。

科学家和相关的专家们发现，人们日常使用的大量化合物，是造成男性性功能衰退的最直接的因素之一。在各种塑料器皿、化学稀释剂、洗涤剂、杀虫剂以及氟利昂制造过程中所释放出来的气体里，大多含有氯化物，氯化物过量就会对男子性功能产生一定的破坏作用。一项调查表明，自 20 世纪 30 年代氯化物问世以来，男性的平均精子量已经大大地减少，40 年代的时候，男性精子平均量是每毫升 6000 万个，而如今每毫升只有 2000 万个，减少了将近三分之二。

各项调查研究表明，目前有很多国家日常处理垃圾的方式是燃烧，当一些含有氯化物的东西与普通的垃圾混在一起燃烧的时候，就会释放出二氧化物。这些化合物和大自然中的其他化合物再组成新的化合物的时候，其中有一种被称为TCDD的气体，对男性的性功能的危害是很严重的。专家们还说，有一些二氧化物还有一种“复制”雌激素的特别功能，雌激素也在不断地增加，当然，这也就意味着这些男性会在一定程度上变得女性化。就算我们自己身体内部的雌激素本来没有超过一定的限度，可是吸入了某些二氧化物，雌激素的作用就会通过“复制”而有所增加。从生物化学原理上来说，二氧化物就是通过基因转录而产生出更多的雌激素的，以至于超出了人体能够控制的范围。专家们还警告，雌激素的增加，不仅会使男人女性化，它还会给人体带来许多不利影响。

至今为止，科学家们还没有找到更有效的办法来解决男性性功能下降和人体内雌激素过量这一问题。但专家们却呼吁在加强环境保护措施的同时，建议人们尽可能不要使用含有氯化物的包装物。要严格地防止塑料垃圾混入要做燃烧处理的其他垃圾之中，衣物尽可能少使用化学制剂进行干洗，燃烧汽油要使用无铅的。这些对防止阴盛阳衰也能起到一定的作用。

男人为什么会“娘娘腔”

男字，“田”字下面一个“力”字。由字形可见，在中国的传统理念中，男人就是出力干活的。而且主要是在外面干活，家里的活儿，那应该是不属于“活儿”的范围。那叫家务，多指女工之类，是女人的专利和义务。从社会分工上说，男人就要出力，而且主要指体力。

奶嘴男最初的说法，是来自于上海那一带。由于上海处于现代化的尖端，首先出现了奶嘴男。

我们当前的时代其实仍然有在“田”下出力的男人，那就是农民。在农村，男人仍然是主要的劳动力，在那里也没有奶嘴男的市场，那里的男人不在本话题的讨论之列。

那么为什么城市里的男人有越来越多的奶嘴男，居然搞得整个社会阴盛阳衰呢？

其实，现在的社会生活中，除了田里需要出体力以外，还有很多地方需要出力的活儿。比如修电器、钉钉子、买面米等之类的，也都是属于体力活儿的，也都是应该由男人出力做的。至于保家卫国、征战疆场，当然是大大的力气活儿。例如《亮剑》中的李云龙，面对日本鬼子，两眼瞪得比电灯泡还要大，一声断喝谁听了不哆嗦，也不会有人说他是奶嘴男吧？

还有另一类就是从商的，就像《乔家大院》里的乔致庸，拉起一支驼队，一出去就是经年累月，驮出去的是茶叶丝绸，拉回来的是黄金白银，谁敢说他是奶嘴男？

男人们长期在这种艰苦劳作中，得到了很多的磨炼，变得聪明或者也可以说是狡猾，像个“男子汉”。

乔致庸的子孙们却不用拉着骆驼经年累月地奔波了，坐在有空调的办公室里，敲敲键盘，网上买买东西就会寄来所需要的，或者卖出你本来就不需要、也不知道从什么地方弄来的东西，反正黄金白银也会打进你的网上银行。据说，设在上海的上海证券交易所里那红红绿绿的证券交易大盘，高抛低吸，也会弄到原本并不属于你的金钱。

那男人们就买买米、换换煤气吧。女人的不幸在于，这些出力的活儿都被那些聪明而且有些狡猾的男人转嫁到了女人身上。自来水只需要拧开水龙头就可以用了；暖气空调早就替代了灶火炉子；粮食都几百克装在收费的塑料袋中放在超市里供贤妻良母们挑挑拣拣；大块大块的煤炭早在井口就变成了输变电线路上看不见却真实地存在着的电流送到了你的电磁炉、微波炉上；一条不知道来自哪里的天然气管道爬进了你的窗户。打开电磁炉、微波炉、天然气做饭吧，对不起，那是女人的事情了。

在这样的生活环境下成长起来的新新人类，在国庆长假里需要出力的活儿，只不过是那些洗洗手绢、擦擦玻璃的活儿，是那种在幼儿园、小学校就反复被老师教了又教的活儿，你还能指望男人们不是奶嘴男吗？

的确，这个世界千百年来都是在男人们的统治之下的，他们在解放全人类的口号下所做的一切到今天为止还是首先在解放着男人自己。也不可否认，生活是越来越舒适了，男人中也出现了越来越多的奶嘴男了！甚至男人们都以奶嘴男自豪着，世界就必须阴盛阳衰着。

男人都有奶嘴倾向

有一种说法：“婴儿在出生以后，遇到挫折的时候，就会有一种回归母体的欲望。而男人总是被冠上强势的外壳，其实内心不知道有多么脆弱。失意的时候，多么想找一个依靠，但是找不到，只能寄托于烟了。烟嘴是奶嘴的延续。”看看男人们抽烟的样子，确实有一种吸吮奶嘴的感觉。其实，几乎每个男人都有奶嘴倾向，只是程度不同罢了。

我们公司的李总在全公司是出了名的女强人，而李总的丈夫身材魁梧，给人一种爷们儿的感觉，哪里能够想到在和李总聊天的时候才得知她的丈夫竟然是一个奶嘴男——遇到什么事情的时候总是喜欢躲避，不肯挺身而出。李总的家庭很奇怪，男人主内，负责孩子的衣食住行教育等问题。小孩子调皮可爱，却经常在学校里被人欺负，经常哭着鼻子就回来了。他很生气，却又不敢去学校找老师，只能婆婆妈妈地跟李总诉苦。李总说，你就不能自己解决一下，非得什么事都要找我？一个多月过去了，丈夫还是没有行动，却发现他经常跟小孩子讲“忍”的哲学，讲《孙子兵法》，讲三十六计走为上计。小孩子听得都傻了，最后说：“爸，这行吗？”无奈之下，李总只好亲自出马。最要命的是，两个人遇到什么事意见产生分歧的时候，他总是搬出那句“我妈说了”之类的话当佐证。李总很奇怪，外表如此强大的一个爷们儿，内心怎么就长不大呢？

杜兰的丈夫小穆，虽然不算奶嘴男，但确实也有点“奶嘴倾向”，小穆很害怕昆虫之类的东西。比如家里有一只蟑螂，他都会惊慌失措的不知如何是好，让杜兰停下手里的活先把它搞定再说，而他自己却在后面小心翼翼地看着。当杜兰三下五除二解决后，他会露出敬佩的神情。

有一次杜兰正洗澡，砰砰砰地听见他在外面狂敲门，他用近乎乞求的口吻说：“求求你开开门吧。”杜兰只能让他进来，问他怎么了，他说外面有怪物！杜兰裹上浴巾跑出来，天，原来他说的“怪物”只是一只误入她家的蝙蝠。晚上的时候，小穆还很怕黑，他有起夜的习惯，刚结婚的时候总让杜兰陪着他。后来，杜兰干脆在通往卫生间的过道装上了几个小夜灯，这才解决了问题。

不过说实话，真的希望男人们都有一点奶嘴倾向，这样，女人的母性欲望才能得以满足。如果男人永远都摆出那样一副硬派作风，反倒少了一丝生活的情趣。不过太奶嘴的奶嘴男确实也不好对付，毕竟，女人大部分时间柔软若水，需要的是一个坚实温厚、值得依靠的臂膀。

其实，女人一生最好是可以遇到三个男人——一个远远地瞻仰她，一个用来被她欺负，还有一个来降伏她。

在第一种男人面前，她是神；在第二种男人面前，她是女王；在第三种男人面前，她是卑微的女仆。女人选择与哪一种男人共度一生，取决于女人的心智和性格。

情感专家小档案

人物介绍：小猪，22岁，学生

一句话看爱情：爱要以彼之道还施彼身

如果现在要你们分开，想必你也舍不得，那就只剩下一条路可走，就是“改造”这个奶嘴男了。所有的小孩子在没有懂事之前，都会蛮不讲理或死心眼。所以必要的时候你也可以向他学习，比如在他需要你的时候，你也可以躲在网络里对他充耳不闻。这样一来，他就会明白，他原来的一贯作风让你有多难过。而对付爱撒娇的他，最有效的办法就是你比他还娇气，在他疲于应付你的时候，也就没有心思顾影自怜了，自然会自己的事情自己办。

情感专家小档案

人物介绍：涵涵，23岁，学生
一句话看爱情：爱他就要放手让他成长

如果你已经习惯了成为他的“妈妈”，那么，他也会像一个拒绝长大的孩子。所以你首先要做的事就是拒绝“妈妈”这个角色，要用爱一个男人的方式去爱他。而对于像玻璃一样易碎的男人，最重要的就是激发他的责任心，两个人在一起生活是需要俩人共同承担的，他必须要承担他的那部分责任。狠下心来切断一切他赖以生存的来源，他就能学会“置之死地而后生”。

情感专家小档案

人物介绍：小青，25岁，形象设计
一句话看爱情：30岁前男人照顾女人，30岁后女人照顾家庭

其实爱上奶嘴男并没有那么可怕，可怕的是你习惯了这种生活状态。女人一生最宝贵的时期就是十几岁到二十几岁这几年，如果你把这些宝贵的时光都耗费在一个需要你无微不至关怀的奶嘴男身上，那实在是太挥霍了——其实，这段时间应该是由男人照顾女人才对。而且过了三十岁，才应该是女人照顾家庭，怎么能这么早就反过来了呢？

被迫成为奶嘴男的无奈

影片《毕业生》一出现在观众面前就造成了轰动。这部电影成功地反映了美国20世纪60年代年轻一代的迷惘。它对于大学生毕业后的那种迷失道路的感觉进行了很好的写实和描述。而其中主角Ben让我们看到了成为奶嘴男的无奈，他的心路历程正好也是一部奶嘴男的成就史。

影片主角20岁的Ben刚从大学毕业，他是带着光明前途标签出现在大家面前的，成绩优异的他一直是父母的骄傲，有着一个家境殷实的背景，并且顺利地拿着奖学金毕业了。为此他父母给他办了一场盛大的庆祝宴会，到场的都是些中产阶级的富人，他们对Ben说着一些不切实际的忠告，摆出高姿态来。他父母也沉迷于这样的骄傲中，欢天喜地地和所有的人炫耀他们的儿子，而他却呼吸困难，一直沉浸在父母提供的优越生活之中，他不知道自己有什么期盼，他甚至无法想象自己以后的生活。未来和梦想对他来说就和空气一样缥缈，他甚至无法用呼吸感受到。

他生活的年代是一个所有人都不知道何去何从、命运未知的迷惘时代。1967年，这是一个特殊的年代，它泛着胜利的气息，也充斥着物质上的殷实，背后是无尽的空虚。二战结束了，没有了灾难，人们的生活不必在迷惘和恐惧中度过，迎来了生命中的太平盛世了。可是，喜悦并无法完全消除由于战争落下的那些空虚，即使他们没有在二战的炮火里度过，但是他们也必须在老一辈人的讲述中明白——自己究竟有多么幸福。

活着是一种幸福，而被安排的幸福生活呢？他们沿着老一辈的道路，在他们的指挥下前进着，过着一种为别人而活的生活。要的究竟是什么，可以做的是什么，是不是真如老人所说的，如果背离了他们的方向，那么生活就是一团乱麻了，没有人心底有答案。

和所有20世纪80年代的人一样，70年代的青年在美国也被称为垮掉的一代。所有的老者都认为他们是泡在蜜罐里头的幸福的人，于是一味地将自己所有的一切强加在他们身上，而越想让他们幸福，越是指挥他们幸福的方向，越是让人迷茫。

毕竟人生是自己的，除了自己，没有谁可以完成这一项工作。谁也无法替另一个人完成他所有的时光，因为人生中存在着太多的未知，谁也不知道明天到来的究竟是痛苦的意外，还是愉快的惊喜。而活在大人巨大阴影里的他们已经迷惘了，道路究竟是怎样一回事，而走路变成了一种习惯，当道路迷失，剩下的就只有无尽的迷失。

“我只是有点担心。”

“担心什么？”

“我的未来。”

“那是怎么样的呢？”

“我不知道……我只想……与众不同。”

这是Ben与父亲两个人简单的对话。两个人就像隔着一座山在呐喊一样，没有谁真正明白对方话中的含义。所以当

Ben离开学校的时候，他没有表现出得到解放的喜悦，反而是一种压抑，很深的压抑，他面无表情，因为他清楚未来的生活已经刻不容缓地展开在他面前了，他必须走出这一步，可是他迷茫。就像一直藏在羊水里头的婴儿，经过了一番挣扎来到了这个世界，面对着许多未知的谜题。可是婴儿可以啼哭，以此来引起身边的人关心，而他已经是个男人，他不可以轻易地表现出他的悲伤，因为男人的一个体现就是没有眼泪，或者说不会轻易有眼泪。

就是这样一个在大家眼中看似最值得羡慕的人，占尽了一切天时地利资源的人，却有着一种旁人无法领悟到的落寞。没有人意识到他所有的一切幸福因素事实上都是别人强加给他的，他并没有点头答应。在聚光灯下站久了，都会视觉疲劳。而作为一个中产阶级的家庭，他拥有着强大的人际关系脉络，他必须接受这些阳光雨露，尽管他也不清楚是不是他生长所需要的；他必须被要求着面对各种各样陌生的人摆出亲切的笑容，展示他绅士的一面；对于褒奖必须以很受用却又谦虚的方式接受。简而言之，他必须成为一个花瓶，供大家欣赏。

他拥有了全世界，内心却依旧是空荡荡的。两者落差悬殊。他是被逼着成为一个奶嘴男。因为这样的生活让他变得没有着落，只有在这个位置，他才可以生活，当他被摆放在不同的位置，他就会无从选择。

在故事一开场的时候，Ben本穿着厚厚的潜水服从游泳池里爬了上来。他戴着巨大的潜水镜，这样使得他前方看着有些模糊，潜水镜似乎让他和这个世界有了片刻的隔离，他获得了另外一种安全感。而当他必须穿过一群高谈阔论的人们时，他表现出了明显的不安，他像个做错事情的孩子，匆匆地经过。

他是个装在套子里的人，他脱离不了家庭给他喂养的奶水，他面对所有未知的一切手足无措，只能原地抱拳。生活是什么，比起其他人眼中的奋斗的天堂，美好未来的憧憬，他更多了一份恐惧，对于时间的恐惧，对于未知的恐惧。未来就像是一个巨大的无底洞，闹得他心里发慌。他只想往后退，退到一个安全的地方，把自己藏起来。

Ben 陷入了无尽的寂寞中，而这种寂寞的来源就是对无知的恐惧，他被完好地保管太久了，也压抑太久了，他必须要把挤压太久、已经弄得畸形的恐惧表达出来，可是他却始终找不到合适的途径。这样的欲望越是强烈，他越是容易紧张到语无伦次，大口喘气，想方设法用不同的单词去表示，却只是重复一个意思。所有的一切对于他而言都是一张巨大的网。

他需要救赎，而影片开始的时候出现一个镜头，罗宾森太太独自坐在沙发上，左手夹着一根烟发呆。当 Ben 从她面前经过时，她像是闻见了同类的气息，抬起头目送他上楼。画面的时间很短促，可是却是故事的一个伏笔。

年龄的悬殊并不妨碍他们之间的情感，那只是一种异性相吸的魅力。寂寞发酵的味道，只有寂寞的人可以嗅到。也只有在同类面前，他才可以得到理解，获得一丝安全感。所以他很快到了道德悬崖的边际，他和罗宾森太太，两个没有关联的人，因为这种情感的维系，找到了对方。他向自己打破枯燥无味生活的目标迈出了这样危险的一步，似乎不该发生的事情发生了，他与大他许多的罗宾森太太偷情。而这当中的刺激和隐秘却让他越发地得到满足，他寻找到了一种安全感。她也是寂寞的人，他从她的眼神中也可以读到一种寂寞，那就是他们的信号。所以他觉得不寂寞了，渐渐地，他依赖上这样畸形的情感。

寂寞是一种叫寄生虫的东西，它会在不经意间占据你的心，在没有为心灵寻找到一份依托的时候，它疯狂地在心底暗长，生根发芽，然后遮蔽了心灵的所有阳光的缺口。只是安静地看着时光溜走，而寂寞叫你的眼失去光泽。

Ben是如此的，他没有依托，从设计好的人生方向一直走着，突然到达了终点，道路就终止了。前方一片迷茫，似乎是一张空白的考试卷，没有题目，也没有标准答案，不能用平时脑子里背诵的文章或者公式进行诠释，所有的就是一个X，求解无方。它要求的更多的是创造力和勇敢，而不是靠平时的学识。所以他迷茫，他急需要找到另一个寄托。

同样在寂寞沼泽里头的还有一个女人，她用酗酒来打发时光。她虽然有一个有钱的老公，每天打扮光鲜，但是她得到的永远只有表面上的风光，她的内心越发的荒芜，她没有依托，老公不爱她，甚至吝啬于给她一点点的温存。她的感情世界就随着时光让爱慢慢蒸发了，到后来，落下一场冰冷的雨，覆灭了她对老公的所有希望。于是她转向了同样寂寞的Ben。

寂寞的人不会轻易拒绝一个温存的、可以慰藉的拥抱，哪怕那是致命的游戏，只要可以得到片刻的解脱，谁也不会拒绝。

可是没有多久，他开始厌烦了，他不喜欢一成不变的生活。一开始偷情，他怀揣着一颗忐忑不安的心，鬼鬼祟祟地开房，他甚至紧张得直咽口水，喉结不停地耸动，他的眼神迷茫着，就像一个手足无措的小孩，他强迫着让自己镇定下来。他只是贪玩的孩子，从挑战的一开始，他就获得了某种力量。他每天精力充沛，到熟稔了床上的模式化的动作，他简单地用一句“我很好奇”来索取新鲜的能量，而罗宾森太太痛苦的表情，他并没有在意。

他不是一个心地邪恶的人，他只是一个奶嘴男，他企图靠依附在别人身上获得力量，却又不满足于所得到的这些东西，他要的是更多，年轻在他看来是一种资本，而这种资本要求他必须获得更多。同时，他也不愿意踏出未知的一步，他不想要计划以外的生活，他要有人为他开路，他只想平平顺顺又十分有趣地过他的日子，既可以让自己生活快乐，又可以赢得精神上的愉悦。

这就好像想吃海鲜的人，又不希望脏了自己的手，手里也没有多少钱，上不起高级餐厅。他只想找一个人免费地心甘情愿地为他处理完那些繁琐的脏东西，他可以坐享其成就好了。

当罗宾森太太无法继续为他提供新鲜的元素的时候，他开始厌烦了，对于乏味的偷情，他开始心有抵触了。这时候，身边的人都纷纷为他寻找一个理想的配偶，当所有的指针都指向伊莲的时候，罗宾森太太毛躁起来。不仅仅因为她不想失去一个同类，更是因为她内心有强烈的负罪感，而她不愿意因为 Ben 的女友是自己的女儿让这种感觉变得更加强烈。

出于对罗宾森太太的依恋和同情，Ben 一度同意了她的请求，但迫于父母的压力，他勉强与伊莲见了面。之后为了完成对罗宾森太太的承诺，他做出了一系列事情，而他的想法就是让伊莲对他失望，两个人发生不了任何感情上的纠结。于是他对伊莲的态度傲慢又恶劣，像一个蹩脚的流氓，明明手心都在发抖了，还是硬着头皮带她飙车，带她去看自己平时都不屑去看的脱衣舞女的热辣表演。

而Ben终究不是一个完美的演员，他不能很好地掩饰自己的内心，他做不了坏人，面对伊莲的眼泪，她的哭泣让他的心融化了。他忙不迭地同她道歉，心里有一块柔软的境地悄然打开，一个受伤的女人是需要男人的关心的，他的责任感和善良一下子被激发出来。连同言语都是温柔的，在解释完这一切的时候，善良的伊莲原谅了他。两个人相互一笑，那些不愉快也就烟消云散了。

“你有想过你的未来是做什么？”“只要是不同的。”这是影片中最多的对话。还有一句出现频率很高的词——不知道。Ben只是一个什么都不知道的小孩。他渴望有人带他走出这个迷惘，他不想利用自己的力量去挣脱，他是一头被从小豢养的小牛，等到力量已经可以挣脱这份约束了，他却忘记了自己的力量。

而伊莲就好像是拯救他的天使，她瞳孔里头闪烁的东西没有物质和金钱的肮脏，她在难过的时候，会失声痛哭，不会和所有在生活中习惯了学习微笑而忘记哭泣的人们一样。她拥有的东西太纯粹了，天真、浪漫、单纯。这些都是难得的美德。她不会教育Ben该如何去生活，她只会陪着他一起走。

父母高大的身影埋没了Ben，而他只是在彷徨地挣扎。他依托他们生活已经太久了，就像老鹰已经失去了雄健的双翅，他是一个只能供人观赏的艺术作品而已。

Ben逐渐明白了只有伊莲才可以给他足够的安全感，不会为了什么目的而向他索取什么，相反，她能给予他更多的东西。她只会对他付出，付出那些他所匮乏的东西，而那些东西能够让他得到满足。只有在伊莲面前他能轻松自如的滔滔不绝，不用担心什么绅士的标准、什么形象，他只是自己，不是什么地位和权力的代表物，所以在一瞬间爆发了爱情，而这股爱情很快地燃烧了他。

而他与罗宾森太太的不伦之恋很快被伊莲得知了，他虔诚地忏悔着，而伊莲伤心得失去了言语，道路该怎么继续？Ben 在家庭环境和即将展开的多重压力下，他将爱奉为所有的目的和意义。所以他可以选择用罗宾森太太的寂寞来发酵他的空虚，他可以在伊莲的温暖中抛开罗宾森太太的手，全身地依附在伊莲的温存中，他甚至坦白了他和她母亲偷情的糗事，他要求伊莲与他结婚。而这时，他根本不知道结婚意味着什么，他只是在找一个可以躲避的途径。

他以为他要失去她了。很快地，伊莲要结婚了，而新郎是另外的人，一个不叫 Ben 的年轻人。而 Ben 在那一刻才恍然大悟，他不能失去她，她是他最后的救命稻草了。于是他开始疯狂地寻找着婚礼的地点，他在道路上奔跑着，眼神泛着目标的光辉，这时候，伊莲是他全部的目标。于是在最后一刻出现的他尽管是衣衫褴褛的，依旧可以赢得喝彩，这时的伊莲已经和新郎交换了婚戒，整个仪式就要落幕的时候，他疯狂而痛苦地拍打着玻璃门，大声呼喊着伊莲的名字。而他的所为满足了一个女孩子所有的浪漫设想，她也爱他，所以她可以激动地朝他奔跑过去。罗宾森太太讽刺地说，太迟了。而对于伊莲和 Ben 来说青春才开始，永远不会太迟。他们微笑着，手拉着手开始奔跑，冲脱了世俗的观点，冲脱了所有的阻力，他们此刻就是快乐的小鸟，他们只是自己，目标很明朗。

刚刚停靠的公交车帮助了他们，一群歇斯底里的人在他们后面发出沉重而又尖锐的否定和责骂，他们都不管了。一个穿着婚纱的伊莲和一身狼狈的 Ben，两个人组成了一个怪异的组合。坐在公交车的最后一排，他们手还握着，前面是一群惊讶的人投射过来的目光，他们安安静静的，车子也不急不缓地向前开着。

这时候，沉默是最好的语言了。影片中，《The Sound Of Silence》一次次响起，声音也一次次打动了人们的内心，营造出了一个甜美而又迷茫的网。所有掉落在上面的人都无法逃脱。最后的镜头里，奶嘴男又恢复到了他迷茫的状态，他的瞳孔放大，前面是蜿蜒向前的道路，该在哪里下车，哪里是方向，他什么都不知道，于是他又再次陷入了迷茫的境地。

Ben 和伊莲在沉浸于“劫婚”的刺激所带来的短暂兴奋之后，突然醒悟过来，人的一辈子很长，那么路该怎么走？年轻人的脸上蒙着一层厚厚的迷雾。老一辈的漠然和鄙夷无疑是为他们的未来增添了一丝悲剧的色彩。

奶嘴男就这样被时代给催生了。走向了奶嘴男的世纪，一个充满迷茫而又不能挣脱的困境。

黑白颠倒的奶嘴男时代

当男人以辫子示柔、女人以板寸扮酷时，“中性化”正以强劲之势侵入都市男女的爱情领地。

女人们哼唱“爱上一个不回家的人”责怪男人们的无情无义的时代已经过去许久了，我们似乎已经无暇顾及了。时下流行的则是“女人是老虎”，渐渐地，曾经女人特有的哀怨和柔弱的权利已经被具有红粉特质的男人——不，是男孩继承下去了。他们全然不顾传统世俗的白眼勇敢地加入奶嘴男的行列里，怪自己“心太软”，对着明月哀叹“孤枕难眠”，主动承认“难以抗拒你的容颜”，为自己辩解“男人哭吧不是罪”。

奶嘴男本色演绎

1. 大多数奶嘴男生来就如贾宝玉一般粉雕玉琢、娇俏可爱，他们用男士面霜、护手霜、古龙水及口喷，将自己武装到牙齿。先天条件不足的奶嘴男可以通过后天整容或者变性补足，比较极端的例子就是“河莉秀”。

2. 喝果汁或奶制品的饮料，读《论语》——总之用尽浑身解数向“窈窕淑男”靠近。就算是说脏话，也是美国版的“Shit”，而不是中国版的“去他妈的”。

3. 喜欢在任何一个可以照射出影儿的地方搔首弄姿，生怕脸上多出一个痘痘。如果真的发现有个不易察觉的痘痘异军突起，他的饭桌立马在一个月内与辣椒、酱油绝缘。

4. 说话甜甜的，一开口就是娃娃腔，对叠音有着特殊的爱好，例如：“你的裤裤好漂漂哦”，“我要去吃饭饭了”等。偶像剧中常用到的“哇！好酷！帅呆了！酷毙了！”更是他们的口头禅，说起来真是好开心、好洋气、好动听！

5. 奶嘴男从来都不觉得自己是奶嘴男，反而觉得应该在无与伦比的男性美上加上一点阴柔的道具，比如辫子。不过，一想到一个男人每天早上分外妖娆地对着镜子上妆、梳头、扎皮筋、系发卡，很多人都会毛骨悚然。

6. 姿色比较出众的奶嘴男有着变态的自恋癖，自恋到一定要把自己照片印制成册以供天下人欣赏。他们可以理直气壮地走进影楼拍艺术照，或是偷偷摸摸躲在家里拍写真，把玉照放在客厅最显眼的位置期望能艳惊四座。

装扮“现代花木兰”的好处

1. 挂羊头才好卖狗肉。就算你是一个小女人，与男人交往时也应拿出应有的“男性化的性格”名片，或扯出这样的大旗，才是缩短两性距离的终南捷径。压力较大的现代男人愈加消受不起那份温柔，他们首先需要肆无忌惮的轻松和理解，然后才会把你的“女人味”照单全收。

2. 易于行走江湖。古装剧中的女人很轻而易举地换上了男装，就可以大大方方地混迹于一切男人场所（包括妓院），当然现在的社会也有这样的事发生。男权社会总会对铁腕柔情的女人“开绿灯”，让她先以“兄弟伙”的面目走进自己的生活，才有机会进行下一步行动。

3. 不承担“淑女”义务。花木兰替父从军，躲过了多少女工活儿！“现代版花木兰”不必在饿慌了的时候也谨记“路上海吃不雅”的淑女规则，更免了例行的麻烦：我就是要将迷彩服当制服，跟你有什么关系？

4. “膨化”爱情。大多数时候两性的关系被狭隘地理解为“异性相吸”。其实我们每个人都明白一个道理：谁不是更

爱自己呢？希望在爱人身上找到自己的影子。适度地让男人在自己身上发现一些反性别的优秀品质，标新立异但绝不离经叛道，这样的爱情自然更松脆可口。

掐死你的温柔

人物介绍：刘若宁，女，23岁，实习记者

我有三个哥哥，他们出生在“文革”时期，从小就在父亲的教育理念“男儿有泪不轻弹”中成长起来，受了委屈要么忍着，要么用拳头解决。或许就是因为这多年来在铁汉丛林中长大，受的教育全都是铁腕求生存，所以我到了恋爱的年纪就产生了一个奇怪的逆反心理：我一定要找一个柔情似水的男友。

在和张亮见面之前，我的“红娘”朋友信誓旦旦地拍着胸口说：我保证他是你梦中的白马王子。

约会的那天，他果然开着“白马”翩然而至——那匹“白马”是有“二奶车”美誉的白色Polo，车上还摆放着女孩子酷爱的芭比娃娃、维尼熊、香气四溢的香水座，就连后视镜都包裹着粉色蝴蝶花绒布。他是一个纤弱斯文的邻家男孩，颈缠花围巾，身套条纹衫，手指纤细白嫩得让我绝望地羡慕。

进了咖啡店之后我自作主张点了一杯咖啡，他细声细气地说：“不要喝这个，要不然晚上会睡不着的，这会影响美容的！”从小，只要我一有睡觉的征兆，爸爸或者哥哥一定对我扯着嗓门大吼：“喝杯咖啡，提提神！”还从来没有一个人能像他那样顾及我的如花容颜。我第一次深刻感觉到被帅哥温柔地呵斥的感觉——就好像有人用钱来扔你一样妙不可言。

丘比特的利箭像小李飞刀一样射中了我多年来麻木不仁的心，我深信我已经找到了梦寐以求的“温柔男人”。

我们进入热恋阶段的时候我才发现他的一个怪癖：他喜欢在夜深人静的时候跟我煲电话粥。尽管晚上 12 点有人惦记你是一件很感动的事情，但如果当你睡意蒙眬中被召唤爱情的铃声吵醒的时候你难免会怨气冲天。他在电话那头絮絮叨叨地说着，我在这头却呵欠连天。有一次我终于忍不住向他抱怨起来，他才腻腻歪歪地告诉我，他之所以每天晚上给我打电话，是因为他妈妈出差了，他一个人在家害怕。听了这话，我顿时就清醒了，应该说是被吓醒了。想到这个娇怯怯的男孩独守空房面对黑夜中那么多子虚乌有的妖魔鬼怪，是多么可怕又多么可笑的一件事啊！

因为已经了解张亮有一颗如女人般脆弱的心，我便主动承担起了“护草使者”的责任。每次过马路的时候我都会很体贴地牵着他的手，生怕他被飞驰而过的汽车撞了。对此，他却说：“我可是社会的人才，要是被一个鲁莽司机撞死了，多可惜啊！”不知道为什么，我心底涌出一股说不出的滋味。

有一次，我们到咖啡馆正准备坐下的时候，只见两个“妖怪”面无表情地戳在灯影阑珊处：一个满头碧发，绿眉绿眼，眉清目秀中透出一股凶光，年仅十七八却透着杀气腾腾；另一个则染了红色须毛，头发被剃得红一道白一道如阡陌纵横。我一下子就笑了，感慨本来是英俊少年却要打扮得那么不伦不类，本应该是邻家男孩却不知是人种兽种。转头一看揪着我衣襟的张亮，本来是男的却一副小鸟依人的样子，本是男儿身却“娘娘腔”十足，羞答答花枝招展，柔情款款媚态百出。我的第一反应是：全都是人妖！

坐下以后他温柔地看着我，说他想留一头齐秦般的野性长发，问我可不可以，我差一点就喷了。我一直对长发男人抱有非常鄙视的态度。一个大老爷们儿，你的长发为谁而留？你等待谁去“穿过你的黑发的她的手”？

但最终我还是没有否定他的建议，因为我不忍心将自己的意志强加于别人，即使这人是我的男朋友。既然雌性荷尔蒙钟情于这个自小生长在单亲家庭的红粉男人，我只有听之任之。但是就在那一刻，我有一种想掐死他的温柔的冲动，掐断这段泛着酸味的爱情。因为我相信总有一天，这个穿花衣、留长发的小男人会决定：干脆不再长胡须。真作假时假亦真。

人物介绍：宋超，男，25 岁，设计者

当小惠一脸无所谓的样子自我介绍说“我这个人有点男孩子的性格，小时候家里人都叫我‘假小子’”的时候，我真的没有想到日后我会交一个短发、身穿宽大男式 T 恤、瘦弱得如一朵雏菊的野丫头做女朋友。

我一直觉得我的前任女友小蕾已经满足了我对女人的幻想，她身上散发出来的女人味的纯度跟法国香水差不多。

小蕾是我的大学同学，我们的第一次见面是因为我们寝室和她们寝室搞联谊活动。那天我在食堂门口站着，远远就看见一队女生走了过来，其中有一个白衣飘飘的女生，与人行道旁迤逦的垂柳相映成趣，有点分花拂柳的意思。走近了我更加惊为天人：这个女生长发婉转依肩，杏目烟眉，立在那里有倒影般的韵致。

过了很久，在我死乞白赖的追求下，我们俩终于在一起了。我第一次感觉到她的女人味是在一次情人节的时候，我一不留神就聊到我以前的几个女友，她的表情瞬间由晴转阴，不一会儿甚至电闪雷鸣，冰雹齐下。她啜泣痛哭了足足一个下午。

有一年暑假，我们两个和几个朋友结伴去黄山旅游。小蕾展示了她“不食人间烟火”的特质：抱怨睡眠不足，挑剔饭菜不好吃，恨走路硌得脚疼，上山下山的时候缠着我要我背。在朋友的嘲笑和路人异样的目光中，我突然有一种猪八戒背媳妇的感觉。

和小蕾分手以后，我一看见那些把头上的发丝捋得跟挂面般纤巧可人的女人，心里就厌恶起来。曾有一度我都想去看心理医生了，怀疑自己是不是有“厌女癖”的心理障碍。

还好，在一次朋友的生日聚会上我认识了小惠。当时人声鼎沸，扑克局和麻将局激战正酣。我无聊得想开溜，突然发现在角落里的沙发上有一个女孩子拿着苹果捧本杂志在看。我走了过去问她怎么不参加他们的牌局。她很简单地来了一句：“不喜欢。”她瓜子脸，大大的眼睛笑起来眯成两条弯弯的缝，很娴静的样子。可她一张口说话就暴露了，半点淑女样都没有了，生动又急促。我们聊了起来，她向我推荐了几个路边不干净的小吃，末了，还自我安慰说：“不干不净吃了没病，吃出毛病的几率跟中彩票头奖一样难。”我看了看茶几上有很多水果，就绅士地问：“你吃点其他的吧？”故作效劳状。她毫不客气地说：“香蕉最好了，重要的是……”说到这里的时候她神秘并且有点羞涩地哧哧坏笑起来，在我的再三追问下，她扭扭捏捏地说：“有利于新陈代谢。”我顿时暴笑起来。那一瞬间，我已然忘记“女人味”的问题了。

一个周末，我们俩约好去路边吃烧烤。那天有点凉还有点小雨，小惠坐在小板凳上兴奋地吃着，活泼得像小动物，完全不介意被熏成灶下婢。就在这个时候，人行道上有个新疆男孩拿着一个钱包仓皇地朝我们奔逃而来，随后有个女孩子高声喊叫着："抓小偷了！抓小偷了！"还没等我反应过来，小惠已经脱开人群一溜烟地追小偷去了，一把劈手夺过钱包，提住了男孩的后领，就像是一个大隐于市的武林高手一样。抓到小偷后扭过头来对我嫣然一笑，说："以前我可是武术队队员啊。"说完，抓过我手里的烧烤就啃了起来。我错愕了半天，看着她畅快淋漓的样子，心里涌起一股别样的温柔。原来，这个"假小子"就是我的"真女友"呀。

中国男人为何害怕女性化？

为什么中国的男人总是担忧自己变得女性化？还是舆论的诱惑？这个问题是很偶然被发现的，但确实很有趣。与男性朋友聊天谈及言行举止的问题的时候，他们会经常这样说"我穿成这样会不会显得很有女人味？""我说这样的话会不会很不爷们儿？"诸如此类的问题。一开始并没有什么特别的，但是自从小沈阳红遍祖国的大江南北以后，小沈阳成了大家茶余饭后讨论的热门话题。很多母性族的人大声疾呼："都像这样女里女气的，这下一代还怎么发展？""男人就该有个男人的样子，穿个裙子，说话还嗲嗲的，这不黑白颠倒乱了套了吗？"争议声俨然已经使这个话题成了中国男性维护自身性别权威的一场论战了。乍一听，十分有道理。但是仔细想想，这个问题早就已经被中国的男人提了又提，而在他们不断重中“男子气”的时候，似乎能隐约察觉出那么一点心虚和不自信。

我国从古至今一直都是以男性为主导的一种社会体系，西南母系社会被视为“宽宏大量”使之存在的“非主流”。所以每当我们谈到心目中的白马王子的时候，总是会提及“八尺男儿、英雄气概”这样的词汇，“大丈夫”这个概念已深入人心。男人，一直被视为家庭的顶梁柱，社会的主要劳动力。

四大名著中，《三国演义》有曹操、刘备、诸葛亮，那些有勇有谋的勇士们都是堂堂男儿身；《水浒》里的梁山好汉，个个骁勇善战，传为佳话；而《红楼梦》呢，贾宝玉一直是一个很有争议性的人物，一个“面若桃花”的小白脸，娘气十足地混迹于一群小姐丫环之间，竟然还“吃了胭脂”，成何体统了！而女性呢，在中国传统的意识理念中，是“阴”的象征，而“阴”是依附于代表男性的“阳”而存在的。

既然男女之间是一种依附与被依附的连带关系，那么按照统治地位来划分，男人是“上”，女人居于“下”。男人变得越来越女人化就会被社会解释为“向下行”，这是有悖于男性统治地位和主导权威思想的。回到最初的问题，中国的男人为什么如此害怕女性化，实际上他们是害怕“进步的身体被落后的思想所控制”。

为什么女人男性化的争议没有男人女性化那么强烈呢？因为女人男性化是“向上行”的一种体现，是“落后的身体追求进步的思想”的一种行为。最近很火的电影《花木兰》女扮男装替父从军，还有辛亥女杰秋瑾，这些带着男性化特征的女性形象，永远给人们一种敬佩的吸引力。当然，也有不少人对“女强人”现象比较反感。但是不可否认的是，东方不败和用男士香水的女人似乎被视为另一种“性感”的审美取向。这样，我们就从另一个角度给出了男人女性化一个“大逆不道”的理由。

中国男人的骨子里产生的“不自信”又涉及东西方文化中谁为“阴”谁为“阳”的问题了。在西方的文化中自始至终都把东方看做是“阴”的存在。他们所说的东方的神秘，温婉，绮丽，纤柔，就连在艺术中，东方也以它特有的写意山水展示给西方一个“朦胧的害羞的女性形象”。然而心照不宣的是，在东方文化中把西方视为“阳”的存在。

有句古话“男儿有泪不轻弹”，但又有人唱“男人哭吧不是罪”。另外生命的诞生，精子和卵子的结合，也恰好是阴阳融合的结果。宇宙和精神都需要自然的平衡，在这种平衡下，我们就必须要找到阴阳的和谐。这就是自然的规律。男人不用害怕女性化，性别是与生俱来的，如果有一天丧失了自我性别的身份，是自然选择的必然的一种结果。在此之前，正常地对待自己，男人永远不会因为外在环境而变成了女人，女人也一样。

不论是同性恋还是异性恋，奶嘴男都是不太受大多数人欢迎的。尽管这并不是人品品性方面的问题——只不过是没有符合人们心目中对男人的要求。但是，我们忽略了一点，这些要求，并不是天经地义的，也不是必需的。如果人生是一场游戏的话，社会为我们的人生制订了一系列游戏规则，例如：男人要有男子气概，女人要温柔贤淑有女人味。这样的规则有人来打破，就会遭到主流价值观的排挤与歧视。主流们不去反省那些规则是不是真的尊重个体的自由。换一种说法，他们是否只允许自己获得自由，而对于别人的权益就可以肆意践踏。

有的人因为自己是奶嘴男而始终自卑着，他们也不喜欢自己这个样子，但是常常也会无意识地流露出来，他们也想过要改，但是怎么也改不掉。如果有人评价他的奶嘴，他当然不高兴。就算是已经坦然接受自己是奶嘴男的人，在听到别人这样评价他的时候，还是会觉得不舒服。因为在大多数人的价值观里，这个词是贬义的、是负面的评价，很容易就跟变态、“人妖”、恶心之类的联系在一起。

比起那些“同志”色变、非要把自己伪装成一个男人的模样，生怕别人知道他是个同性恋者的那些人来说，大众可能更加喜欢和奶嘴男们交朋友，他们因为没有自我保护而过分地虚伪做作。男人是不是女性化并不是交友的一个标准，与人品都没有必然的联系。甚至还有一些女性认为，从来不觉得男人就一定要表现得很阳刚的样子，女人也不一定要是温柔贤淑的。如果男人和女人都要用一个标准来统一的话，就无法区分同性恋、双性恋、异性恋了，也不会有美的、丑的、高的、矮的、胖的、瘦的之分了。都用机器一个模子制作出来就好了，男人就都阳刚了，女人也都温柔了。

大众可以接受女人的男性化，却很少能够接受男人的女性化。这或许也就是社会男权化的一种表现。

奶嘴男，没那么可怕

帅哥好像长得都差不多一个模样，都是眉清目秀、脸长下巴尖、高个子、腰身纤细、柔情似水、春情甜腻。就像

《舞林盛典》中的一个个帅哥们拂过镜头，有种春风要绿江南岸的劲头。

一个上海朋友曾经对我说：你们北方人就喜欢那种粗眉大眼、胸毛巴掌宽的大汉，我们上海人就喜欢那种清秀的、有型的、彬彬有礼的男人。

她的话是否具有代表性？

据我所知，也有不少人对抨击上海男人阳刚气不足愤愤不平。

上海男人说："我们疼爱自己的老婆，就算再忙也要回家擦地做饭，这有什么错？我们从来不干打老婆这种事，有本事就到生意场上斗，赢了的才是真英雄。我们讲话口音软内心意志可不软。"

以前在路边看到一张男演员的照片，这个男人浓妆艳抹，两只手叉在前面，涂着黑色的长指甲，然后诡秘地、妩媚地笑，着实可以把人吓一跳。

北方的男人应该不好意思为了艺术那么献身吧，即使有那样的勇气，大概也没有那么大的能力吧。那种阴柔像鬼魅，像是陈年的酸酒，功力了得，渗入骨髓。

男人一打扮起来，就容易让人联想到奶嘴男。其实很多女星也曾经是个土孩子，只是包装了一下，靠了舞台效果，也就像个星了。包装其实附着刻意的灵气，它抬人的同时，实际上在展现包装本身，人的光芒被掩盖了。所以，不管男人女人一装扮起来就会显得很精致，而如果男人一旦精致起来，就显得有女性化倾向了。

有很多男演员，他们每天要和女人们一样烫睫毛、修指甲、穿颜色鲜艳的服装，甚至因为舞台化装对脸部皮肤伤害大，他们还要精心地护理面部、颈部、手部。这种过程其实和女性在美容院做设计时的程序是一样的。

在这种自我修护的流水线下，还会有几个男人能保持男人气？

于是，男人在这种环境下也就开始屈服了，所以一些大老爷们儿到了南方，也就入乡随俗了，开始喷香水、搽昂贵化妆品。走在马路上，香风扑面，浓烈强劲，结合着汗味、酒味、烟味，那种感觉，如遇雪灾，肝肠寸断，天都塌了，只想找个防毒面具戴上。

相比较起来，倒是南方的男子比较可爱了，尽管细皮嫩肉秀气白净，但在北风的吹拂下坚持。美国人有强迫症，大太阳底下狂晒，越黑越好；而他们是北方西北风使劲吹，皮肤越粗越好。

听说《士兵突击》的演员们在拍这部戏之前，都被狂晒过，所以他们黝黑的脸不是涂抹出来的，很容易和雪白的牙齿形成鲜明的对比，让许多小女生欣喜若狂。

女孩喜欢像爷们儿的男人更多是原始的本能。女孩子们在中国阴柔了多年以后，突然觉得像发现新大陆似的爱军人，希望能考上军校认识并嫁给“高城”、“袁朗”，就是一种冲动。而那些口口声声称喜欢中性男子的女人，通常是被现代浮华包裹愈来愈深。她们孤独，所以爱美的、温情的、能一相情愿付出的男人；她们的内心是寂寞的、绝望的，却无法像自己的外婆一样为了男人付出青春和耐心，忍受寂寞和辛劳。

男人，就应该有男人的样子。就像女人也要有女人的样子一样，是奶嘴男也很好。不喜欢或者不能接受的事情有很多，但不能因为你不接受你就去歧视或宣扬自己较那些不接受的行为表现多好！

为什么一定要厚此薄彼呢？过去的社会文化因为多元性所以被封闭，文明水平得不到提高。但是，现在的时代，我们都讲相互尊重、互惠互利，不八卦、不歧视、不泄露隐私。如果那些名人自认为有一身华而不实的躯壳，想以伤害别人来抬高自己，这样的人只能当个跳梁小丑，只能暴露其内涵的缺乏、文明的失衡！

第四章　奶嘴男也有魅力

单纯热情，率真直爽

奶嘴男最显著的特征之一就是单纯热情，率真而直爽，乍一看，颇有小男生的味道，但事实上，这是一个成功人士必备的品德之一呢。

如果一个人有着很大的思想负担，或者没有什么热情，真的很难想象他对未来生活会有怎样的突破。

《谁可相依》是一部讲述高干子弟对待生活、事业、人性、情感的作品，一个关于男人女人情可相依、命却难依的故事，在讲述高干子女宦海沉浮、风雨沧桑的同时反映人物的心路历程和命运的大起大落，让我们懂得那些善良、平凡、单纯、热情的男人才是真正可以依靠的。

作品的女主人公尚莉莉是一位漂亮、聪慧的高干子女。维系着她的几条情感线，一个是她深爱过的也是高干子弟的杨志南，因为意外事件入狱，阴差阳错使这对苦命的恋人最终不能在一起；另一个则是地地道道的小市民，钱书明，尚莉莉的丈夫，一个把鸡毛蒜皮的家庭琐事当做重任来完成的男人，与出生于高干家庭的尚莉莉自然无法磨合。在数次争吵和大动干戈之后两个人在离婚的边缘徘徊着。

此时的尚莉莉沉浸在过去的爱情中看不到现实，而志南却说面对生活压力的贫穷夫妻无幸福可言，再次离开了他深爱的女人。于是他们彼此都回到了曾经的生活轨迹中去，此时的尚莉莉也终于明白什么是幸福。对于一个做了母亲的三十岁的女人来说，可以相依的憨厚老实、单纯热情的钱书明才是她终生可以依靠的男人，而对于爱情的奢望只能在青春中得以实现并且珍藏一个美好的愿望，尚莉莉在人生关键时刻终于懂了幸福的含义。

真正聪明的人是知道谁才是值得依靠的人。步步为营，扎实地走好人生的每一步路，不去期待那些遥不可及的梦想，踏实地生活在现实中才能取得成功和赢得幸福。

钱书明，光看名字，菜市场上喊一声“钱书明”会有好几个人扭头来看；看外表，你觉得他可能会是工厂里的技工；看性格，鸡毛蒜皮的琐事对他而言就是惊天动地的大事，但是就是这样一种男人，他单纯，不知道什么是钩心斗角，不知道什么是尔虞我诈；只是想说什么就说什么，想做什么就做什么；他热情，对于邻里朋友的事情一直放在心上，无所顾虑自己的得失，也许只有这样的男人才是真正可以相依的人。

就像是奶嘴男，傻傻的，呆呆的，甚至有点腼腆羞涩，但是这样的男人按照自己心里的感觉走每一步，对待每一个人。在如今这个社会，可以如此纯粹也不失于一种美德。

春秋时代，鲁国有一个规定，凡是到国外旅行的人，若看到有鲁国人在外国沦为奴隶，可以花钱把他赎出来，回到鲁国后，到国库去报账，国库照付。孔子有一个学生，在国外旅游的时候看到有鲁国人被卖为奴隶了，他就把他赎出来。赎出来以后，他并没到国库去报账，别人都说这个人品格高尚，不愧是孔子的学生。孔子知道后，大骂这个学生，说这个学生做错了。别人都很奇怪，明明是做了一件好事嘛，又赎了人，又不去报账，这不是好事吗？不是品格高尚吗？孔子说看问题不能这样看，他这个做法，实际上妨碍了更多的奴隶从鲁国被赎出来。这个人回来后没有去报账，将来别人看见做奴隶的鲁国人，本想赎他出来，又想：我赎了以后，如果去报账，别人就要议论：以前某某人不报账，你去报账，你的品格不如他。这样，这个人就可能装作没看见，不去赎人了。所以，这个做法就妨碍了更多的鲁国奴隶被人家赎买出来，是有害的。那样，奴隶可能永远都无法回到自己的祖国了。

还有一次，一个人掉到水里去了，孔子的一个学生跳下水去，把人救起来了，家属感谢他，给他一头牛，他就收了。别人就议论了：下水救人还要钱？孔子知道了，表扬这个学生，说这个学生做得对，这会使更多的落水人被救。因为救了人之后，人家给钱，是可以收的，如果再有人落水，就有人愿意去救。

生活就是这样，你以为你做了你觉得很正确的事，事实上，结果就是相反的。在踏入社会之前父辈们总是告诉我们，要长心眼，不要轻易付出真心，可是事实上呢，只有一步一个脚印，单纯简单的人才是走在真正对的路上，就像一个很有趣的测试：

有一天，A 给 B 出了两道测试题

问题一：如果你知道有一个女人怀孕了，可是她已经生了六个孩子了，其中有三个孩子是耳聋，两个孩子的眼睛是瞎的，剩下的那一个先天智力低下，而这个女人自己又患有梅毒。请问，你会建议她堕胎吗？

B 刚要回答，A 却制止了，又问了第二个问题。

问题二：现在要选举一名领袖，而你手上的这一票很关键，下面是关于三个候选人的一些资料：

候选人 A：和一些不诚实的政客有来往，会星象占卜学、有婚外情，是一个老烟枪，每天喝 8 到 10 杯的马丁尼。

候选人 B：他曾经有两次被解雇的记录，每天睡觉睡到中午才起来，大学时吸鸦片，每天傍晚喝一杯威士忌。

候选人 C：他是一位受勋的战斗英雄，素食主义者，不抽烟，只是偶尔喝一点啤酒。发生过婚外情。

请问你会在这些候选人中选择谁作为领袖？

B 把答案写在纸上，然后 A 说：

候选人 A 是富兰克林·罗斯福，候选人 B 是温斯顿·丘吉尔，候选人 C 是亚道夫·希特勒。

B 听到这样的答案十分惊讶，A 说你为百姓选择了希特勒，那么，你还会建议那个女人去堕胎吗？

B 说：这个问题就不必考虑了，我们受优生优育教育很多年了，她这种情况，就别给社会增加负担了。我建议她去堕胎。

A 说：她是贝多芬的母亲。

B 又一次惊讶。

A 说：本来你以为你选择了最正确的答案，结果却扼杀了贝多芬，创造了希特勒。

现实生活中，我们每个人都有一个准则，每个人都渴望着成功和幸福，也都想找到一条可行的捷径。世界上是没有捷径的，如果有，那么捷径就在身边，就是单纯热情地走脚下的每一步路。

单纯热情是做每一件事情的基石，从古至今，凡是取得成就的人都是有着单纯和热情特质的人。如果说西方人是喜欢幻想、创新、擅长的民族，那么我们中国人则是更重视现实的民族。

在这一点上，奶嘴男们当之无愧。

国外有一本很流行的书《秘密》。前言的一句话很有新意，“你知道什么是成功吗？你知道所有成功的人都向你隐藏了一个天大的秘密吗？”

在这本书里，作者向人们讲述了一个道理，就是其实所有成功的人士都隐藏了一个成功的秘密，这个秘密既不是成功需要多少天赋，也不是需要努力多少，而是在你脑子里的一种意志。只要你很想怎么样，就一定怎么样。只要你的意志足够的坚定，那么就一定可以心想事成。就是这个简单不为人知的秘密使得他们获得了空前的成功。

很多的奶嘴男其实都是事业比较成功的人，他们的成功取决于他们对整个事情的愿望有多大。奶嘴男在决定做一件事情的时候，他会传递出一种气味，这种气味就好像是动物间传递信息的气味是一样的，让他们的家人和朋友都可以感觉得到，而他们也会尽力帮助奶嘴男们去完成他的愿望。

石油大王洛克菲勒曾经说过，如果你打定主意要去做一件事情，那么宇宙万物都会帮助你的。所以你想要实现愿望的程度很重要，很多人以想要过得好一点，想要让自己的父母骄傲为愿望，却最终没有实现，那是因为你的愿望不够强烈。当你一定要得到一个东西的时候，就一定能得到。愿望和意志是最重要的。

当奶嘴男的脑子里出现了一个非常单纯和强烈的想法时，尤其是这些想法支配他们的行为的时候，他们的目标就会非常的明确。在每一个岔道口做选择的时候，都会不断地向着那个在自己脑子里已经根深蒂固的目标靠近着，这就是身为奶嘴男他们固有的潜意识在发挥作用了。

但是并不否认奶嘴男对他人的一种依赖性。他们的那种强烈的愿望和意识不自然间也向周围的人传递出来一种信息，这给奶嘴男们一种强烈的力量，连他们自己都不知道这种力量究竟有多大。但是他们的秉性就是对待任何他们想做的事情的那种愿望都足够的强烈，并且愿意为这个愿望付出全部的努力，那么他们在自己的领域中创造出属于自己的一片天地也不足为奇了。

奶嘴男这个形象不知道在男性中是否会有人喜欢，或给予一种怎样的判定。但是对女性却是一种既爱又恨的状态，欲罢不能。女人欣赏着他们那股纯净的样子又碍于他们“不够男人”，说到底，多数是出于流言蜚语的压力。

奶嘴男就是一个不可救药的老天真，天真到女人都不知道拿他怎么办。电视剧《大长今》里有一句台词是这样说的：但凡成功的人，有两点共同的特质，那就是单纯和热情。但是热情更重要，因为热情的人了解现实，但又超越现实。

“大长今”这个角色被人们认为是一个艺术化的理想的人物，现实生活中不一定有人会和她一样的单纯和终其一生的热情，所以也就不会有人能可以像她一样，凭着那份单纯和热情披荆斩棘般地走向人生巅峰。奶嘴男便就是这样的，热情给人以动力，单纯则让人执著和无畏。有了这两点，也大概可以支撑现实中的我们，在自己选定的方向上有所成就。它像一颗核弹，引爆了奶嘴男们生命深处那些不曾被自己了解的生命能量。那种能量告诉他们：只要你有勇气去做，你的生命完全可以承受。它远比你想象的更健康，更有活力，更有质量，更有创造力。

坚贞不渝，百般孝顺

奶嘴男的另一个魅力所在就是对待一份感情永远都是那么的坚贞不渝，这比起那些“花心大萝卜”的男人们让女人们少了很多的担忧。除此之外，就是对长辈的孝顺，不管是他自己的还是妻子的父母。这个特征使家庭生活少了很多不必要的麻烦，让夫妻生活更加和谐。

相信大家一定还记得《孔雀东南飞》那个故事，在汉末建安年间，有一个少妇刘兰芝善良且美丽，聪明而勤劳。焦仲卿和刘兰芝结婚以后，夫妻两人感情十分深厚，互敬互爱。可是，顽固偏执的焦母却很讨厌她，处处为难挑剔她，最后甚至威逼焦仲卿将她驱逐。焦仲卿无奈之下只得劝说刘兰芝暂时先到娘家避一避，等到日后再想办法接她回来。分手的时候两个人海誓山盟，彼此承诺永不相负。但是，刘兰芝回到娘家后，趋炎附势的哥哥逼她改嫁太守的儿子。焦仲卿闻讯赶来，两人约定“黄泉下相见”，最后在太守儿子迎亲的那天，双双殉情而亡。

这是一个感人的故事，也是一个悲情的故事，不难猜测出焦仲卿也是一位奶嘴男，对妻子刘兰芝有着矢志不渝的情感却又不敢违背母亲的意愿，可能是那个年代造成的。但也可以得知焦仲卿有“奶嘴”倾向，但却“奶嘴”得并不正宗，“奶嘴”得不干脆，要不彻底地服从母亲，要不就为了爱情不顾一切，所以最后落了双双殉情的结果。

刘兰芝和焦仲卿两个人的情感悲剧其实就是性格的悲剧。刘兰芝颇有当今女性的风范，除了善良漂亮之外，性格外柔内刚，所以当她面对独断专行的婆婆以及性情暴戾的哥哥也是死也不屈服的个性。

而焦仲卿出生在官宦世家，长期生活在母亲的淫威之下，养成了“奶嘴性格”，所以当他的母亲对他进行威逼的时候就已经决定了他的命运——不可能主动争取婚姻的幸福。

其实奶嘴男也不是到今天才出现的，古时就有不少奶嘴男，除了《孔雀东南飞》里的焦仲卿，还有一个叫郭巨的人。郭巨的家境原本还算是不错的，但自父亲过世以后，他便把家产分成了两份，给了两个弟弟，而自己还要承担赡养母亲的重任，对母极孝。因为母亲身体有病，所以家境越来越贫困。就在这时，妻子生了一个男孩子，郭巨担忧如果养这个孩子那必然会影响对母亲的赡养，于是就和妻子商议：“儿子可以再有，母亲死了不能复活，不如埋掉儿子，节省些粮食供养母亲。”当他们挖坑准备把孩子埋了的时候，在地下二尺处忽见一坛黄金，上面写着“天赐郭巨，官不得取，民不得夺”。夫妻得到了黄金，回家孝敬母亲，并得以兼养孩子。

看到这，你会觉得郭巨是让人感动呢还是愚笨呢？也许前者居多吧。如果换做是当今，郭巨或许会被笑为“愚孝”，对母亲的依赖已经到了一种近乎疯狂的地步——可以拿自己亲生儿子的生命来交换，但是就是这样的“愚孝”让他最终有了一个好的结局。

奶嘴男是可爱的。他的“可爱”也许最终可以给他带来很多财富，因为他真诚。如今这个时代也许需要更多的奶嘴男。

特立独行，敢怒敢言

敢怒敢言，罹祸身陷囹圄

奶嘴男最大的魅力所在就是时常会像一个孩子一样，对喜欢的东西越来越喜欢，对不喜欢的东西可以毫无避讳地言厌。奶嘴男容易得罪人也容易被人爱，敢怒敢言的性格总是让人欢喜让人忧。

《阿甘正传》里的阿甘，他可以说是一个很正宗的奶嘴男。

第二次世界大战刚刚结束不久，阿甘出生于美国南方亚拉巴马州的一个小镇上。他先天弱智，智商只有 75，但是他妈妈却是一个性格十分坚强的女人，她想要让阿甘过正常人一样的生活，她经常鼓励阿甘说“傻人有傻福”，要他自强不息。不知道是因为有了这个母亲还是上帝让谁在某一个地方有了缺陷自然会给他些什么，上帝不仅赐予阿甘一双疾步如飞的“飞毛腿”，还赐给了他一个正直纯真、没有丝毫邪念的灵魂。在上学的校车里，阿甘认识了金发女孩珍妮（珍妮是一个被父亲“虐待”的女孩），从此以后，在妈妈和珍妮的爱护下，阿甘开始了他一生不停的奔跑。

中学的时候，阿甘为了逃避同学的追打，所以跑进了一个学校的橄榄球场，就这样一直跑到了一所大学里。在大学里，他被破格录取了，并且还成了橄榄球巨星，不仅如此，还幸运地受到了肯尼迪总统的接见。

大学毕业后不久，在一名新兵的鼓动下，阿甘参加了越战。在一次战斗中，他的部队中了埋伏，一声撤退令下，阿甘突然想起了珍妮的嘱咐——撒腿就跑，这一次，真的是他的飞毛腿救了他一命。在越战中，阿甘交到了两个很好的朋友：热衷捕虾的巴布和令人敬畏的邓·泰勒中尉。

战争结束以后，阿甘为了救战友而负伤，所以作为英雄受到了约翰逊总统的接见。在一次反战集会上，阿甘又和珍妮不期而遇了，但是此时的珍妮已经堕落，过着放荡的日子。阿甘的心里其实一直爱着珍妮，但珍妮却不爱他。两人匆匆相遇又匆匆分手。

阿甘还作为乒乓外交使者到中国参加乒乓球比赛，并为中美建交立了功。在“说到就要做到”这一信仰的指引下，阿甘终于闯出了自己的天空。

傻人真的会有傻福，阿甘阴差阳错地成了百万富翁，而单纯天真的阿甘却不愿意为名利所左右，所以他做了一名园丁。阿甘常常想起珍妮，而此时的珍妮早已走上了一条不归路，陷入了深深的绝望中。可是突然有一天，珍妮回来了，她和阿甘生活了一段时间，在一天夜晚，珍妮投入了阿甘的怀抱，之后又悄悄离开。三年以后，阿甘再见到珍妮的时候，他见到了他的儿子，此时，珍妮已经患了绝症，阿甘同珍妮和儿子一起回到了家乡，度过了一段幸福的时光。

珍妮过世了，他们的儿子也到了上学的年龄。一天，阿甘送儿子上了校车，这时，从儿子的书中落下了一根羽毛，一阵风吹来，它又开始迎风飘舞。

阿甘的一生单纯热情，做一切自己想做的事情，一个地地道道的奶嘴男，他“傻”，却傻得可爱，他“呆”，却呆出了一笔财富，收获了很多的领悟，也收获了生活的很多挫败感。回首这一生，不想失去的永远失去了，想要得到的却从未拥有过，却傻傻地快乐幸福着。

奶嘴男面对人生，坦然真实，无怨无悔，用一颗认真的、无愧的、平静的心走他们所想走的路，过自己想要的生活，这也许就是生命中最好的收获。

第五章　不小心爱上奶嘴男

“错”爱奶嘴男

涛是个地地道道的奶嘴男。谈恋爱的时候，我真是没有看出来，只有每天朝夕相处才能看到本来的面目，实在是傻到境界了。

学生时期，我的择偶理想就是，找一个有资本的老男人嫁了，这个男人风趣儒雅、温顺有钱，可以疼我、宠我，时时刻刻把我像孩子一样带在他的身边或者抱在他的怀里。

荒废了几年的青春时光，“白马王子”却仍旧没有出现过。于是，我改变了策略——决心等一个一出现就疯狂地爱上我的男子。他像火一样，点燃了我心头的玫瑰。

我相信遇上涛绝对是我的劫。

他身上有着一股很浓的书生气，时常带着比林黛玉还忧郁的眼神和那干净到没道理的衬衣，让我百感交集，或许今生注定就是他了。那一瞬间，我体会了一见钟情的感觉。

我们彼此亮出了身份证，用一分钟的时间递交了彼此的个人简介，另附小诗一首，交给对方。于是约定三天以后，成与不成都在阳光影城门口见。成，就一起手牵手走进电影院看一场浪漫的电影；不成，男方立即滚蛋，消失在女方面前，而女方则可以慢慢地离开，当然，也可以在原地等待下一个目标的出现。

我和涛的缘分就是电影城门口的爆米花，谁也抵挡不住它的诱惑。三天后的黄昏时分，涛捧着两张电影票傻傻地有些害羞地对我一笑，说："走，进去吧。"我矜持了 0.01 秒，然后跟在涛屁股后面，走进黑暗的电影院。

黑暗中的涛问我："你为什么会答应我呢?"我说："因为你有才华啊，你写的诗好好啊。"我反问："那你又为什么愿意?"涛说："因为你漂亮。"如此直接。

和涛在一起以后，他几乎请我吃遍了本城的所有小吃，我们已经到了"一日不见，如隔三秋"的状态。

20 世纪 80 年代出生的恋人同居并不是什么新鲜事，也不需遮遮掩掩的，光明磊落得像过家家一样。未婚"小夫妻"的甜蜜羡煞围城中人，愁煞父母。

80 年代出生的年轻人，是一群为了爱主动活着却不能被爱囚禁的人。爱得死去活来，却不一定要结婚。

但是突然有一天涛对我说："我们结婚吧。"我惊讶地问："为什么?"涛说："我想对你负责啊。"

我想对你负责。这大概是天底下女人最想听到的美丽动人的情话了吧？我感动得一塌糊涂，拼了命地不停地点头，决心将自己的一生都交付给他。

我家乡结婚的习俗是新郎随车到新娘家亲自迎娶，而涛家乡的习俗却是新郎在家不动，等着一帮哥们儿把新娘给他"抢"回去，但是涛说："我想亲自去接你。"

早上五点，几辆黑色轿车鬼怪一样出现在我家楼下。我母亲说："我女儿又不是丑八怪，用得着天不亮就来接吗？"

在一阵噼里啪啦的鞭炮声响过后，我家客厅沙发上多了几位文质彬彬的男生。我从卧室里飞奔出来问："涛呢？"几位男生面面相觑，齐声说："他，不用来吧？"

什么？我一下子就蒙了。我马上打电话给涛，他却对我说："我妈说我们这边没有那种习俗……我想去，但是我妈不让。"

我瞪大眼睛，说："原来你是奶嘴男？"

一屋的人都在笑，但我却哭了。我说："你不来，我就不去。"涛好像一点也不着急，还一本正经地说："你放心好了，去接你的那几个男生都是本科以上的文化水平，有文化、有涵养，不会跟你乱来的。"他以为我担心他同学，天地良心，我是担心我自己的未来！

在婆婆家里住了一个晚上，第二天涛就提出要搬到新房里住，他悄悄地和我说："在这不自由。"婆婆说："来回那么远，你们怎么吃饭啊？"涛指着我说："她会做。"

这似乎不是他以前的台词啊。过去他会说："老婆，我给你煮方便面。"

婆婆用极其不舍的眼神看着她的儿子，随即目光落到了我的身上，她一定误解是我挑唆她的儿子搬出去住的。

蜜月的甜蜜并不是柴米油盐，而是两个人的身体和感情。肚子总是会饿的，生活总要开始过的。

刚刚结婚的时候矛盾总是让人措手不及地从天而降。饿了一天，出去海吃了一天，又饿了一天的我们，结婚第五天的一早，相拥在床，我说："老公，我们起来做饭吧？"

我用的词可是"我们"，而不是"你"，我已经很照顾涛了。家对面就有超市，柴米油盐酱醋茶皆有。

涛松开缠着我腰的胳膊，翻身、蜷身、假寐。我说：“你听见没有？”他囔着鼻子说：“你做，你是我老婆，小心我休你。”

主啊，你理解我当时的心情吗？

我们在床上，从舌战升级到脚战，最后以我把涛蹬下床结束了这场家庭战斗。涛从地上乖乖地爬起来，走向客厅，给他妈妈打了电话：“妈，饿死了。我饿了三天了，她还踢我……”

我的脑子里出现了一个场景，一个穿开裆裤的小男孩，被其他小朋友欺负了，流着鼻涕、抹着眼泪跑到他妈妈面前，拽着他妈妈的手，指着玩伴咧着大嘴说：“妈妈，他打我！”

OK！家务活你不干就不干吧，我累点也没有什么关系。最让正常人无法忍受的是，一有一丁点大的屁事，涛都打电话给他的宝贝妈妈诉苦、请示、撒娇……婆婆一直在我的婚姻生活中搅和，使我身心疲惫。

我开始想，一个对母亲言听计从的男人，已经结婚却含着奶嘴不肯长大的男人，一个对家庭缺乏责任心、对老婆没有关爱的男人，我是否应该放弃他？

这时在QQ上认识了苏。他说，所有的家庭都会有问题的。他总是默默听我的所有倾诉，从不打断我。下线的时候，他会说，保重。

久而久之，我对苏好像有了依赖。累了，伤心了，到网上找苏，他总为我亮着一盏灯，哪怕他不在我身边。我不开心了，苏说他会心疼。

我身不由己地陷入了网恋。我对涛已经失望至极。我说：“求求你松开我的手好吗？”我从来没有看见涛如此伤心过。

他已经预感他就要失去我了。他一边哭一边拉着我的手说："你打我！你打我呀……我爱你，你不能走！你不能……"

我哭得比涛还要厉害、还要伤心，我曾经是那么地爱着他！

我和苏约定了，一起去西藏。走之前的那天晚上，我们约在网上见面，苏说："最后问一声，你真舍得他吗？"

我突然沉默了很久。苏说："男人都是长不大的孩子，心中还有他，就留下来，陪着他长大吧！"

当真爱遭遇奶嘴男

我和男朋友是在大学校园里相识的，他比我小一届，几个月的年龄差距本来是算不上什么姐弟恋的。他热情、单纯、直率，这些性格曾经那样地牵动着我的心，深深地吸引着我，很快我们就在一起了。或许是因为巨蟹座的我天生就有着一种母性倾向，面对事事需要被人照顾的他，我不觉得辛苦，反倒是乐在其中，觉得这是对他爱的一种方式。可是，直到我们大学毕业后的两年，我才发现自己错得有多么离谱。

大学毕业之后，我们俩都留在了重庆，在学校时就担任学生会干部的我很快就找了一份不错的工作。薪水出人意料的不错，如果不买房，甚至够我们两个人在这个城市过着比较舒服的生活，如果他可以再努力、再积极一点的话，或许我们很快就会结婚了。但是我万万想不到的是，他在连续几次求职失败后，竟然完全放弃了找工作的想法，每次我暗示他的时候，他总是嬉皮笑脸地说："怕什么，反正有你嘛。"

白天我上班的时候他就在家打电子游戏，他不会做饭，中午就将就着吃碗泡面或者吃昨晚的剩饭剩菜。我下班回来后，还要把他中午吃完饭的碗收拾干净了再开始做晚饭。不仅如此，家里的清洁卫生，也自然是我一个人做。后来他找到了一份工作，虽然工资不高，但每个月都会全额上缴。也许他真的是没有什么出息吧，但我能真真切切地感觉到他是爱我的，家里家外什么都听我的，我做事的时候他会在一旁一个劲地嚷着："老婆好样的，老婆加油，老婆你真棒……"让我在辛苦和恼怒之余又多了一丝甜蜜。睡觉的时候，他还会偶尔无意识地说梦话哼哼两句"老婆我好爱你"之类的，让我偶尔升起的离开的念头瞬间灰飞烟灭……

我和我的姐妹们说了这些事情，她们都是哭笑不得，但谁也不能出个好的主意，摊上这样一个奶嘴男，能怎么办呢？

找个奶嘴男又有何妨

自盘古开天之始男人都是阳刚的，而女人都是阴柔的，但是世界万事万物都不能够一概而论，任何事物的本身都具有多种潜质和可能性，所以会有不同的条件体现出不同的特性，然而有一些男人具有女性化的特征、形态或声音，也就是我们所说的奶嘴男就是如此应运而生的。

在我们的传统意识中，奶嘴男可能不太容易被人接受，特别是女人在择偶的标准上。我有一个女同学，因为长得不是很好看所以受到了门庭的冷落，万般无奈之下找了个无人问津的奶嘴男友。他会做饭、会织毛衣，不但遭到她家人极力反对，还一时成为众人茶余饭后的谈资。

但是谁都没有想到，若干年以后老同学聚会，这个女同学红光满面，春风得意。细问才知道原来她的奶嘴男友不仅在工作上有了很大的成就，对她也是俯首帖耳、呵护备至的。可以说是招之则来，挥之则去，这让曾经嘲讽过她的人欷歔不已，感叹万分。

其实仔细想想也是，很多女人因为传统的观念和世俗的目光，找男朋友最根本的标准就是要帅气、要阳光。一般对奶嘴男都会很不屑一顾，但是事实证明有很大一部分女人对自己的选择是后悔不迭的。尽管帅气、阳光、有男人味的男朋友带出去很有面子，殊不知大多这样的男人会因为自身优势而心高气傲，时常忽略女人的感受，让你有苦难言。

我们现在生活的时代其实是一个个性分明的时代。多少女人越来越中性化，而一些男人对自己的奶嘴腔也不再犹抱琵琶半遮面、有自卑之感了，甚至有很多奶嘴男在各行各业都占据一席之地且成绩斐然。

对一些女人来说，有很多奶嘴男也具中性之美，比如台湾很火的飞轮海组合中的汪东城就备受女孩子的喜欢与青睐。

如今的女人越来越聪明了，择偶的标准也不再是以肤浅的帅气、阳光为首要标准了。她们有了更多的要求：除了有一定的经济收入外，更是希望对方能够懂得体贴照顾自己，即便是个奶嘴男又有什么关系？生活本来就是现实的，何必为了一时的虚荣攀比之心，而受尽他日的冷落。当然帅气、阳光的男人也不尽然如此，那种很有女人缘的男友，你看到他经常在走廊里笑的时候，实在不可能不怀疑他是否人在曹营心在汉。

不过，如今的奶嘴男也有了一定的市场，但是“奶嘴”也应该适可而止。不要整天跟在女人屁股后面唯命是从，而应该给双方一个独立的空间；也不要一天到晚拈着一个兰花指在女人面前晃来晃去，除非你有京剧大师的造诣与风范，否则还是免之。

奶嘴男这个名词不知道是从什么时候流行开来的，但是可以肯定的是，它带有一定的贬义性，如果一个男人具有女性的思想或行为，我们就说他是奶嘴男。

探讨这个问题一定要先思索，一个男人为什么不可以有女性的思想或者行为呢？难道有了女性的思想和行为就是变态吗？我们仔细来想一想，是什么理由让男人不能有女性的特征，是因为其他男人。为什么是其他男人？因为其他男人不是奶嘴男。为什么其他男人不是奶嘴男？因为在社会性别文化的熏陶下不允许让他是奶嘴男。我们从小在一种传统教育下成长起来的：男孩要像男孩，女孩要像女孩，在这样的传统文化的熏陶下，男人像男人，女人像女人。但是，那些同样受到熏陶却无法表现或无法充分表现男人像男人的男人就被贴上了奶嘴男的标签。由此可见，这些无法表现出男人像男人的男人没有受到性别文化的影响，可以推断：奶嘴男必有先天之原因，是后天社会文化都无法改变的。

这个社会对于奶嘴男好像并没有相关的病症报告，只见于在儿童时期，一些儿童心理学家认为塑造儿童的刻板性别是十分必要的，就是人们常说的男孩要有男孩的样儿，女孩儿要有女孩儿的样儿的培养模式，并命名为“儿童性别混乱或儿童性角色畸形”。但是在成人的世界里并没有奶嘴男这样一个病症名称或论述，可见奶嘴男不是病！更不是变态！

学会欣赏奶嘴男

男人就应该有男人的样子。

很多女人都无法接受奶嘴男。既然存在就有它的道理，但也有很多人很想认识所谓的奶嘴男。他们心思一般都很细腻和单纯，懂得照顾身边的人，也会为别人着想，而不是大男子主义的只考虑自己的想法和感受。静下心来，其实只要我们用心去感受，任何事情都有它的魅力所在。

有一部电影是张国荣和日本演员常盘贵子主演的，张国荣主演的男主角就很像奶嘴男。记得有一本书这样说："张国荣其实是一个可以用美丽来形容的男人。但是谁敢说哥哥没有男子气概呢?"也许是因为过于年轻，无法正确地欣赏奶嘴男的魅力。

尽管如此，大多女人都会发出这样的呐喊：我就是无法忍受一个男人向我推荐哪个眼霜的效果更加好，也无法忍受他穿着粉红色的衬衫、洒着女性香水刺激我的鼻子，更加无法忍受男性以女性特有的语气向我撒娇"哪个能办啦"。这个世界的确是需要宽容的，但是，请饶了我，不要把我和一个奶嘴男安排在一起！他做他的奶嘴男，我爱我的男子汉。

奶嘴男和"假小子"女人一样，都是具有自己独立的人格的，只不过前者比后者承受了更大的压力，因为自古以来我们对于男人的要求就比女人更高了一些。

但反过来说，奶嘴男做事的时候多数都比较认真，在工作中不会和人胡搅蛮缠，而且胆子也是比较小的，思考问题比较严密，所以和他们工作还是比较让人放心的。相比起那些男人来说，一身豪气，口若悬河，一会儿这样一会儿那样看似像个大侠，这类人比奶嘴男更可恶。

听说在上海，男人走在中国奶嘴男时尚的前沿，东方卫视的选秀活动《加油！好男儿》，曾经收视率一度飙升，远远超过了湖南卫视“超女”节目，然而有趣的是，北方的阳刚男子竟然全军覆没了，而上海的奶嘴男们却独占风骚。

第六章　奶嘴男，怎么爱

奶嘴男，这么爱

奶嘴男，该怎么爱？这是一个迫在眉睫的问题。如果说和“正常男人”的爱情要顺其自然的话，那么，和奶嘴男谈恋爱一定要讲究方式方法。

当你爱上一个奶嘴男的时候切记要爱到八分，八分绝对刚刚好，所以爱奶嘴男一定只爱七八分，把剩下两三分来爱自己，这也是唯一可以使奶嘴男不再奶嘴的一种捷径。所以要铭记，喝酒不能超过六分醉，吃饭不能超过七分饱，爱奶嘴男不能超过八分，否则他会像狗皮膏药一样黏着你，他会让你提早进入“妈妈实习期”。

面对如今愈加开放的中国社会，我们已经不得不考虑这样一个问题：现在的婚姻和爱情到底靠什么来维系？

开放的社会、前卫的时尚，已经渐渐地让我们面对周遭的一切，对一夜情、婚外恋、同性恋等产生了一种淡漠的态度，甚至已经到了一种近乎默认的状态，所以对待奶嘴男，需要一种态度。

一个美女作家曾经这样说过：“室内的空气里弥漫着面包

与避孕套混合的味道。”这是个有些多情的城市，还记得一个网友说：“情，是原本成就家庭的基础以及长久和谐美满的重要因子。”但人类喜新厌旧的本能，让最先进的科学技术，也不得不以官方姿态承认：感情绝对不会随着结婚典礼的终止而一劳永逸。

奶嘴男的出现究竟应该喜呢还是应该忧呢？

美貌、才华、爱情，上帝总不会同时给一个人的。有才华的男人长得丑，长得帅的挣钱不多，挣钱多的容易花心，顾家的又没什么本事，有本事的不够浪漫，很会浪漫的不能用来依靠，不花心的又是个奶嘴男。

不知道是不是女人对男人的期待超出了男人应有的能力，所以才甘愿做个奶嘴男，反正做不到最好，就什么都不管罢了。有很多遭遇婚育历练的女人都觉得男人是“魔鬼”，婚姻是地狱。自以为是的男人总以为可以给女人一个安宁平和的家庭，女人就应该如何如何，可是他们却不知道女人最害怕的就是把老公当孩子一样来“养”。他们只是需要一个女人，而不是婚姻。婚姻原本的意义其实是相互间要信任、欣赏、尊重、相濡以沫，可是奶嘴男给女人们的婚姻成了一个完全黑白颠倒的世界。

既然你无法忍受奶嘴男，而且还不想放弃奶嘴男，那么就只有一条路了——改造奶嘴男。这是一项大工程，以下是改造奶嘴男的法则，作为奶嘴男的女朋友或妻子一定得记牢了哦！

第一条：要让奶嘴男加强自身的素质，加强自己的文化修养，跟得上时代的步伐

如今我们生存的这个社会，价值观、家庭观都发生了极大的改变，从古至今，没有哪个温文尔雅的淑女能够让男人欲仙欲死。而使男人神魂颠倒欲罢不能的女人，如武媚娘、妲己、褒姒、李师师、慈禧、苏小小、赛金花等的，她们都是机灵聪明的。面对有点傻、有点乖、睁眼不知天下事的奶嘴男，女孩子们一定要拿出自己的招数来。

很多的民意调查显示，男人其实比女人更晚成熟，所以，作为改造者的女孩子们就应该让奶嘴男友们接触更多的新鲜事物，那样自然会脱离“奶嘴”，这已经不是以做饭、洗衣服为职业的时代了，无论男人还是女人，那些工作早已被保姆、幼儿园、高级饭店和餐厅所代替了。

第二条：要给奶嘴男足够的自信

既然你已经遭遇了奶嘴男，那么没有办法，你必须像妈妈鼓励自己的孩子要自信一样地鼓励奶嘴男友。要从各个方面培养和保护他们的魅力，除了“奶嘴特征”，他们一定还有其他魅力，比如长得帅、有才华等。

第三条：不要让奶嘴男爱得没有自我

没有自我的爱最容易让奶嘴牢牢地贴在奶嘴男的嘴上。奶嘴男习惯什么都问你，什么都依赖你，把自己像礼物一样塞到你的怀里，你要斩钉截铁地告诉他：我是女人，你是男人，我们不要搞混了性别。

要让奶嘴男有自己独立的性格，所以你要故作冷酷，让他意识到自己随时可能丢，让他承担起一个男人的责任。

第四条：要给奶嘴男足够的自由

你和你的奶嘴男若每天都黏在一起，他自然而然就会依赖你，试着给彼此一定的空间，保持一定的距离是非常重要的。那么，他就会做自己的事，没有了拐杖可让他扶，他慢慢地也就学会自己独立走路了。

第五条：爱情没有义务，婚姻也不是权利

即便他是一个地地道道的奶嘴男，也不能伤害他的自尊心，要给他面子，否则他会越来越“奶嘴”。

有很多的女人在拥有一个男人以后就把他当做自己的私有财产，动不动就生气、拍桌子、摔板凳、冷战、当着外人的面冷嘲热讽等。谈恋爱时的似水柔情、温文尔雅早已不见了身影。要知道，奶嘴男也是有脾气的，他的脾气就是越来越奶嘴。他是娶了你，不是卖给你。

第六条：先适应奶嘴男，再改变奶嘴男

切记不要没完没了的指责，不要当碎嘴子婆娘。人无完人，既然自己也不是完人就不要要求对方是十全十美的，千篇一律的指责只能使矛盾升级，改变不了原本的状况。先看看他的“奶嘴”程度是不是已经到了你无法忍受的地步，如果不适应，实在不行，再实行改造的策略。

《红楼梦》里的奶嘴男和真男人

什么是奶嘴男？谁是奶嘴男？贾宝玉啊。那个从大观园走出的娇滴滴却爱憎分明的男人，但他却是不正宗的花心奶嘴男。

也许正是因为如此，才和林黛玉有那么纯的爱。林黛玉的婚姻其实并不美满，但是不代表她的爱情很不美满。林黛玉是一个很会恋爱的女子，大观园中几乎没有一个女孩能比得上她会谈恋爱，把花心少爷贾宝玉抓得牢牢实实的，宝玉的心时时刻刻都围绕着她转。我们就看看这个柔柔弱弱的女子是怎样把奶嘴宝玉制得服服帖帖的。

人们一直都觉得林黛玉是一个悲剧性的角色，整天哭哭啼啼的，但是大家却忽略了一点，她只对她的爱人宝玉少爷哭，除了他，她似乎也很少对别人哭。因为贾宝玉就吃这一套，男人都怜香惜玉，害怕女人的泪水，所以林黛玉的泪水也算是哭对了人，为什么？很简单，她是个聪明的女人，了解男人的心理，特别是了解贾宝玉这样一种男人的心理。

《红楼梦》的整个故事其实都是围绕着贾宝玉而展开的，无论是林黛玉、袭人还是薛宝钗都是围绕着这个大少爷在生活。如果你很不幸地遇到了像贾宝玉这样的男人，要怎么处理呢？

其实，这么说很牵强，能遇到贾宝玉这样的男人，怎么可以说是不幸呢，是太幸运了。

有得必有失，如今的男人都口口声声说不要做贾宝玉，但是其实所有男人都想成为贾宝玉，只不过没有那么好的条件罢了。有才有貌又有家族丰厚的背景，不管谁和贾宝玉谈恋爱都属于名正言顺的“太子妃”。贾宝玉的确属于比较花心的那种，家里想有红旗，外面又想有很多彩旗，不仅如此，还含着“奶嘴”满街跑，所有的女人都像是他的妈。遇到这样的男人怎么办？遇到这样的男人首先就应该有很好的心理承受能力，如果说想继续跟他过下去的话，你只能承受。承受他的“花”，也承受他的“奶嘴”。

林黛玉就做得非常好！她有一种很高尚的心态，她并不排斥贾宝玉在外有其他的女人，但是她非常在意宝玉是不是爱她。女人，充其量要的只是一份感情而已，她觉得宝玉是爱她的就够了。

黛玉不要求贾宝玉在外面也“守身如玉”。如今的社会像贾宝玉一样的身份或成功的男人经常提起的一句话叫逢场作戏。而现在确实是一个表演的时代，说白了，是一个秀场，就像一些男人说的那样：我在外面出轨不代表我背叛了我的妻子。

又比如，在家的时候他向你施展他的“奶嘴情结”正是对你爱的体现，那是只有作为妻子的你才能享有的“特权”。只要不是太过分，只要在关键时候可以顶天立地，撒撒娇也无妨。所以如果说真的遇到奶嘴男的话，你一定要坚定——只要你爱我，我可以宽容一些不必要的方面。

如果让你在《红楼梦》这部著作当中挑一个男人作为你的伴侣的话，你会选择哪一个呢？

贾宝玉不要挑，贾宝玉的老爸贾政倒是可以考虑。

贾政可能有宝玉以前的心态，因为贾宝玉正像是贾政年轻的时候，所以他步入中年以后，一心一意只是从事政务，有上进心，当然他对他的母亲还是很孝顺的，对孩子也很严格。他唯一不好的是，他虽然有两个老婆，但对赵姨娘却尤其偏爱和忠贞，对他的小老婆，几乎都是特别的宠爱，即使她这个小老婆做了一些不该做的事他也不改对她的宠爱。如果说贾宝玉是女人不喜欢的奶嘴男，那么，贾政就是一个真男人，女人如果碰到这样一个男人，你就算怎么撒娇、任性、过分、无理取闹，他都会宠爱你，这应该是一件很幸运的事。

就如今的社会来说，贾政一定比宝玉要混得好，所以，遭遇奶嘴男的女人们也不用太着急，你的贾政也许正在磨炼中。

很多男人想成为贾宝玉，只是没有贾宝玉那样生来就有的优厚条件。像贾宝玉这样的男人肯定是要找一个像林黛玉那样有情调、有才、有貌的女人。但是，如今的男人和女人一样都很现实，你如果娶了一个像薛宝钗这样的妻子，家里家外、人际关系、财政支出她肯定给你安排得特别顺，这是现今男人偷懒的一种心态。可这样的老婆你能找到吗？如果你真的可以找到，千万不要放手。

《红楼梦》，毫无疑问，它是一部旷世巨作。它是历史尘土里飘落的一片黄叶，它横亘了历史的每一处脉络，它揭示了所有的封建阶级，它预示着过去同现在之间的一些密不可分的联系，似乎所有的一切都是有章可循的。我们可以从它身上窥见历史之间交错的密集情感，我们可以明白的是有些故事不论过了多久，还是会重新演绎。我们从它身上阅读到了人身上固有的各种情感因素，那些属于时代的气息。它就是一个神奇的魔术师，它把整个人类的人生放在一本书中来讲述。从各式各样的人物的身上，我们可以触摸到那些属于我们自己的灵魂。不得不说，它是伟大的、永恒的、辉煌的人类遗产。

《中国大百科全书》就曾高度评价，《红楼梦》的价值怎么估计都不为过。就是在国外，它也同样发挥了它巨大的魅力。《大英百科全书》的评价是——《红楼梦》的价值等于一整个欧洲。它的魅力不仅在横截面上显现，同时在时间的纵坐标上，它也以一种无可替代的魅力占据了许多人的内心。

没有人会质疑它的价值，它是人文艺术中的精粹。起于言情，而又终于言情。字字都是情意，拆开来看又是平实的人生，看似一幅生动的官宦世家描绘图，又更是一种有力的呐喊和申诉。它不仅仅是故事，更是从故事中走出来的现实。它虽是以言情出名的，但是细细琢磨又上升到了各个阶级的层次，著名作家张爱玲更是表示《红楼梦》影响了她整个人生。

书中的主角自然备受关注，“无故寻愁觅恨，有时似傻如狂。纵然生得好皮囊，腹内原来草莽。潦倒不通世务，愚顽怕读文章。行为偏僻性乖张，哪管世人诽谤！富贵不知乐业，贫穷难耐凄凉。可怜辜负好韶光，于国于家无望。天下无能第一，古今不肖无双。寄言纨绔与膏梁：莫效此儿形状！”这是他。一个从古到今呈现在每个人面前的典型奶嘴男。他不仅活在故事里，更是源自于生活的影子。他是故事的一个脉搏，更是一个鲜明的时代特征，出生在一个官宦世家，他来自于中国文化当中一部经典中的经典人物，他的别号很多，譬如：怡红公子、绛洞花王、富贵闲人。在书的一开始就表明了他的身份，他是女娲补天剩下的一块石头，由得道高僧带入凡尘去领悟人生，也顺便了却人间一桩深情事。

他是由神瑛侍者脱胎而成，因前世对绛珠仙草有灌溉之恩，因此也有了还泪一说。看这世，他生得“面若中秋之月，色如春晓之花，鬓若刀裁，眉如墨画，面如桃瓣，目若秋波。虽怒时而若笑，即瞋视而有情。项上金螭璎珞，又有一根五色丝绦，系着一块美玉”。

说起来，他和时下的80后和90后都是一样的，一样的金贵。都说这一辈人是垮掉的一代，同样的他也被当成不可救药的纨绔子弟，只是他比其他纨绔子弟多了一份爱心。对于丫鬟，他懂得怜香惜玉，他有着平等待人的思想，他是善良的，他笑着看晴雯撕扇就是为了博她开心，在他看来尊卑的等级没有同样阶级的人那样分明。在他眼里，她们都是人，而非奴隶。

他曾经就说过这样一句话："女儿是水做的骨肉，男子是泥做的骨肉。我见了女儿便清爽，见了男子便觉浊臭逼人。"这一点从贾宝玉满一周岁时就显露无遗了。话说，当时的教育该从孩子抓起还真是有点深入民心的作用，不过这时代的人都沾染上了一个不良的习气，以小见大固然是好事，但是以偏概全就是一个极大的错误。当时因为女儿贾元春而风光无限的贾政把光宗耀祖的希望全部寄托在宝玉身上，他一心想要预测一下宝贝儿子的志向，"便将那世上所有之物摆了无数"，让宝玉去抓取。这个习俗延续至今，也还是有人施行的，谓之"抓周"。能说出后来那番话的宝玉自然是对于那些纸、墨、笔、砚、金元宝、书本等身外俗物不屑一顾，他做到了"一概不取，伸手只把些脂粉钗环抓来"。这可大大地激怒了他的父亲贾政，他愤然地扔下一句话："将来酒色之徒耳。"

打小他就是众人捧在手心里的红太阳，日夜仰望，小心奉承。可是这一切的繁华在他眼里不过是一场巨大的谎言，他被摆放在了一个花瓶的位置，而这个花瓶被威胁是要放在悬崖边上的，如果他不按照所有人为他设置的道路走，那么他就只有粉身碎骨，等待他的从来都是毫无例外的人生。就是如此，他的人生是由别人来掌控的，换句话说，他是别人的棋子，他是整个封建阶级里的一颗棋子。而他的功能就是光宗耀祖，好好地背熟四书五经、三纲五常，能够在将来的科举上一举夺冠，就是他全部的责任。走到这一步之后，他就必须接着娶一大堆的妻子传宗接代，必须当个贪官，好话坏话废话都得说着，而且得说得冠冕堂皇，而且最好是能够让他的官位不断升迁。换句话说，他是整个贾府一张未来的长期饭票和一张可以挂在每个人笑脸上的荣誉徽章。

而面对这样的生活，他烦透了，甚至厌恶了这样周而复始的生活。没有意外的人生是不完整的，从小到大，只要是他要的，从来没有得不到的，可是他内心却愈加空虚，所有的大人只要是对着他说话，开口闭口就是光宗耀祖的责任。所有接近他的谄媚的笑脸背后都窝藏着一颗祸心，每个人都是自私的，他们想到的只是他的将来是否对他们有利，而他又该如何去做才能更好地符合他们的标准。

为了标榜他的与众不同，他大胆地与封建的文化传统做了斗争，他无所顾忌地嘲笑道学所鼓吹的“文死谏、武死战”的所谓“大丈夫名节”是“胡闹”，是“沽名钓誉”。如是，才有了“哪管世人诽谤”的传颂。而封建势力回应他的也是一番批斗，明显是对于不成才的他的一种严厉教育。然而他还是孤身奋战着。

所以他没有安全感，他是活在所有人的口水和笑容里的人，而那些口水溅在他身上的感觉，让他时常莫名地颤抖。那些笑容里包含着多少虚伪的成分，让他恐惧人与人之间的沟通。这时，他的奶嘴男形象开始慢慢有了雏形。

当时最出名的一本经典书籍就是经宋代朱熹集注过的《四书》，它几乎被抬到了整个阶级的高峰，它是所有士人眼中的经典。而贾宝玉被贾政要求“只是先把《四书》一气讲明背熟，是最要紧的”。然而贾宝玉在这些“最要紧的东西”的千叮咛万嘱咐情况下选择了放弃，他说“怕读”，虽然时常捧着书本，却能达到“大半夹生”、“断不能背”的尴尬境地。相对而言的，当时的名人所不齿的禁书却是他微微翻看便能过目不忘的。这就着实可以看出他向往自由的热忱。

而他对于读书人的看法也同世人有着极大的不同。天时地利人和的他，却不愿意走科举这条道路，在别人寒窗苦读，做梦都想着当官的时候，他只是简单地把为官作宦视如粪土一般。更甚者，他直接将那些“读书上进”的人称为“禄蠢”；而那些不知变通、一心谋取富贵、满脑子都是符合阶级需求的八股文的人，他给予最深刻的讽刺，“饵名钓禄之阶”、“混账话”都能极好地表达他的想法。

什么千篇一律的封建礼教，什么一成不变的士大夫应酬，什么所谓的学者们最高理想、功名利禄，对他而言都是岌岌可危的房屋。它们在大难临头的时候绝对不会带给他什么好处，它们只是衣服上光鲜的羽毛，耀眼，可以起到吸引人群的作用，而这样的光芒，他必须一遍遍温习着如何去表达。

这样的心情就像连续一年或者好几年来顿顿都只能吃方便面。尽管一开始的时候会因为方便面的便捷和简易，所以沉迷于它一段时间，但是久而久之，到了肚子饿的时候，看到泡面只会叫你反胃，而不能带来任何的舒适感了。在迫不得已的情况下，你吃了它，只会留下一脸的无可奈何和不知其味的感受。

而作为奶嘴男的他也是如此，他无法像其他人一般，满嘴都是什么家族的责任，他只是个孩子，他希望有人为他撑着那片蓝天，任何时候，他都是安全无比的。他做出一副不爱钱财、傲物的姿态，同时对于自己的出身表示深度的厌恶，把自己的同情和爱心给了那些与他相近的丫鬟，她们虽然出身低贱、地位卑微，但是他都可以笑脸相迎。

这些女子无疑是他最好的防空洞，他躺在温柔乡中，什么封妻荫子，早就被他抛到九霄云外去了。他的世界里只有美人和逍遥，而外貌姣好的他也有这样的资本，同时他的地位也允许他这样的行为。在所有人追着捧着的时候，他感到无比孤单，他就像是一场盛大音乐会上一个极度不和谐的音符，尽管没有几个人可以听得清楚，可是身边的音符都在教育他，不应该如何，不要怎样，所以他只能越发寂寞地伪装自己，躲在卑微的后头。

他全盘否定了束缚他的人生，他要求的是看得见自我的地方，但是同时又不能给他任何压力，要有纯粹的自由。在大观园女儿国中斗草簪花、低吟浅唱、自由自在的生活，这便是他的追求了，他乐此不疲地沉溺其中。

为此，他还发出了惊人的话语："我此时若果有造化，趁着你们都在眼前，我就死了。再能够你们哭我的眼泪，流成大河，把我的尸首漂起来，送到那鸦雀不到的幽僻去处，随风化了，自此再不托生为人，这就是我死的得时了。"

他就像是天空中飞翔的一双翅膀，可是他不让你看清他是什么样的生物，是老鹰还是麻雀，或者两者都不是。他只是安心地沉溺在自己的小世界里。女性是他身边最普遍也最亮丽的风景，几乎任何一个时刻，他都是一枝独秀地站在女人堆里，而这些女性给了他各种各样的安全感。他可以闻见清新的脂粉，可以看见艳丽的女装，可以听见温柔的话语，可以触碰轻柔的女人，她们是一种安全无比的诱惑。而他在这个营造起来的安全壁垒里过着与世无争的生活。而他最坚实的后盾恐怕就是他母亲王夫人和这府上等级最高的贾老夫人了。也是因为她们的宠溺，所以更是提供了他乖张的温床。

他痛骂了所有的富贵，可是他却得了个富贵闲人的称号。

如果让他放弃一切的荣华富贵恐怕他也是不乐意的。他习惯了这样衣来伸手、饭来张口地享受日子，贫苦的生活在他眼里恐怕都是一个幻影，是他难以想象的，也是不可捉摸的。

他最著名的语录恐怕就是这个："人谁不死，只要死得好。那些个须眉浊物，只知道文死谏，武死战，这二死是大丈夫死名死节。竟何如不死的好！必定有昏君他方谏，他只顾邀名，猛拚一死，将来弃君于何地！必定有刀兵他方战，猛拚一死，他只顾图汗马之名，将来弃国于何地！所以这皆非正死。""那武将不过仗血气之勇，疏谋少略，他自己无能，送了性命，这难道也是不得已！那文官更不可比武官了，他念两句书污在心里，若朝廷少有疵瑕，他就胡谈乱劝，只顾他邀忠烈之名，浊气一涌，即时拚死，这难道也是不得已！还要知道，那朝廷是受命于天，他不圣不仁，那天地断不把这万几重任与他了。可知那些死的都是沽名，并不知大义。"

它表达了宝玉内心的烦闷，他看破了官场当中的世事纷扰，他明白同流合污的腐朽，他愿意明哲保身，而身边所有的人都要把他推进那个深渊里。他的力量很微薄，即使是呐喊也没有人真心听到，大家都是又哄又骗地想把他推到贾府的台面上。让他去编织一个完美的网，得以收拢钱财权力，给他们庇佑，他们都只是想要他身上的光环罢了。

直至林妹妹出现，她娇柔可人，一副楚楚动人的姿态，贾宝玉一下子就钻进了爱河里头，不可自拔。她成了他另一根救命稻草。

他需要她。这体现在许多细节上面。

如第十九回中，袭人耐心地劝说宝玉，"再不可毁僧谤道，调脂弄粉，还有更紧要的一件，再不许吃人嘴上擦的胭脂了，与那爱红的毛病儿”。在这个阶级看来，即使贪色也得讲求低调，不能让旁人指手画脚，留下什么把柄，特别是宝玉处于所有人的焦点之中。

而这种习惯是从小培养出来的，奶娘和丫鬟们陪着他一同长大，他见得最多的恐怕就是胭脂，而那些擦着胭脂的女子往往也喜欢在小孩的他身上留下一些表示喜欢的印记。这样的记忆在他脑海里都是属于甜美的，所以他从来不会拒绝，甚至他狂热地喜欢这项活动，这对于他而言更像是一种仪式，对女性表示喜欢和肯定的方式。

这是被禁止的，也怪不得袭人为了宝玉的形象而苦口婆心地劝导他要改掉这个毛病。而江山易改，本性难移。所有的人都给他压力，必须改掉什么习惯，为了今后如此这般的生活，而只有黛玉能够理解他。当她发现宝玉腮边留着一点胭脂时，不是像袭人一般苦心劝导，要他注意形象，而她只是轻轻地表示了她的关心，用帕子小心擦拭，又担心他道：“你又干这些事了。干也罢了，必定还要带出幌子来。便是舅舅看不见，别人看见了，又当奇事新鲜话儿去学舌讨好儿，吹到舅舅耳朵里，又该大家不干净惹气。”她只是担心他又被管制，而并没有教育他不该如何如何。

在封建王朝里，男人就是女人的江山，就是女人必须攻克的一个难题，相夫教子是本职工作，劝着心上人追求名利更是正常不过的事情了。可是她不，因为她从来不看重这些东西，她只是简单地爱着这个男人，她憧憬着有一天和他过着归园田居一般的恬淡生活，所以她从不劝他去读书应举，立身扬名。她只是一个因为爱情而美丽的女人，她营造给他的就是一个温馨的居所。他累了可以进来，什么都不想，她可以静静陪他看落叶，她是一种安静的力量，叫人安心。没有他周围洋溢的那种荣华富贵的铜臭味，她只是一个简单爱的女人，她把自己全部的内容都摊开在他面前，除了爱情，她别无所求了。

而形成对比的是薛宝钗喜欢说“仕途经济”一类的“混账话”，宝玉才跟她“生分”；而林妹妹从来不说这种“混账话”，如此才慰藉了宝玉一颗飘摇的心，孤单的时候，有一双手给予温暖就是雪中送炭了。而黛玉就是起着这样效果的。她没收了他的孤单，或者是她用她的理解融化了他心头的坚冰，让他感受到温暖的力量。

她是他在这个冰冷世界里的一个知己，她出现在他面前，就像送来了一个同类，他才感觉不那么孤单了。可是他是万红丛中的一点绿，所有的女性都围着他转，而他也有些飘飘然的。对于所有的女孩子都是来者不拒，带着一种同情和爱心，可是正是他这样的博爱，反而伤害了他真心爱着的女子黛玉。

警幻仙姑就曾称贾宝玉是“吾所爱汝者，乃天下古今第一淫人也”。话说，贾宝玉之所以梦游太虚幻境，都是因为祖宗的“剖腹深嘱”，所以警幻仙姑才特意前来织梦，以此警戒宝玉“改悟前情，留意于孔孟之间，委身于经济之道”，以便达到“见弃于世道”的效果，而宝玉却让仙姑失望了，“一番以情悟道、守理衷情之言”，反而使他对于情感的迷恋比之前有过之而无不及。即使是带毒的罂粟花，美不胜收，也叫他忘了后果，只是把握机会沉迷其中。

他博爱，他对于身边的女孩子都有着同样的态度，同情和爱情是主旋律，而难保说这当中不含有一些封建王朝给他笼罩的历史阴影，他也有着同样腐朽和邪恶的想法。初期有时也暴露出纨绔子弟的暴戾作风，他撵茜雪、猛踢袭人、训斥晴雯等，同样也体现了他父亲对他的影响，时常是他一不符合父亲的行为准则就是一顿毒打。

而人总要慢慢长大的，在经历了秦可卿之死、秦钟之死，明白了林黛玉身世飘零的可怜、身为贵妃的元春姐姐外表风光而内心悲苦的境地后，他开始慢慢长大。对于人生有了新的思索。

但这样还不够，他身上奶嘴男的不想负责任的念头太深入了，他害怕担负起另一个人命运并且主宰这个人未来的压力，他只想轻轻松松地见一个爱一个，没有负担，不谈将来。他洒脱地认为，所有的女子都该为他而倾心，而对于她们的用心，他也只是象征性地给予含混不清的暧昧回应，不管是风情迷人的薛宝钗还是飘逸洒脱的史湘云，或者是空灵美丽的妙玉，抑或叫人爱怜的林黛玉。

第二十八回中讲述贾宝玉顽皮，要看薛宝钗左腕上笼着的一串红麝串子。而不小心看见了雪白胳膊的宝钗，见她一时褪不下来串子，他竟发呆了，心里动了小念头，暗暗想道："这个膀子，要长在林妹妹身上，或者还得摸一摸，偏生长在她身上。"不能不归结为他有着合乎贵族公子身份的心理和习性。尽管他向往出淤泥而不染的高尚，但是对他来说还是有些困难的。

而在他旁边的林黛玉都暗暗藏进心里了，她为了他几乎流了所有的眼泪，连同她的生命也是绑在宝玉的爱情上面的。就像一场看起来就无望的赌局，她依旧迷惘，但是她却赌上了自己所有的筹码，一输则一无所有，一赢则赢得了整个天下。她为爱痴狂，然而他的爱情却依旧是太不稳定了，他只是一只不懂得降落的气球，在空中不停地飘荡，随着风有时候高有时候低，叫人无法抓到。这样的他折磨着林妹妹，她交上了自己全部真诚的感情，却唤不回他同等的痴心不悔。她甚至不明白，他是不是爱她的。而她能明白的是，他只是在贪，在贪求许多的女人的爱怜。

随着封建家族没落颓败的不可抗拒的客观形势，越发地有一股无形的力量推动着贾宝玉往这个家庭的核心地位跑去。他茫然失措着，所有的人几乎都说着同样规劝的话，他不知道如何是好，而还好有黛玉始终不渝地支持他。她从来不给他压力，不告诉他什么不该做，她只是担心他不快乐，担心他不安全，而其他的都不重要，她在乎的只是他这个人，而无关于他所在的位置。她爱的只是简单的他，而不是所有人向往的那个站在很高位置的必须追求什么荣华富贵的他。她要的只是他幸福。

面对着这样一个与自己志同道合的女人，他才有了走下去的勇气。他才能够一如既往地坚守自己，不被牵引进这一场家族的巨大旋涡中去，他有了抵抗的力量。她才是他最踏实的防空洞。他依赖她。

紧接着，这个末世贵族自发进行了一次毁灭性的抄检大观园，而直接导致的结果就是逼死晴雯，撵走芳官、四儿、司棋，原本热热闹闹的大观园，一下子跌落进了冷落凄凉的处境。在目击了所有的悲剧之后，他只能选择默默哭泣，所有的劫难都是无声的，又是让人绝望的。

在经历了这一系列事件之后，他对于封建阶级的希望遭到了空前的毁灭，他抛弃了所有的幻想，甚至不保留一丝的好感。他同情那些被压迫、也被践踏的女子，他看到了那些人身上珍贵的品格，进而他对于身边的女子开始有了取舍，有了一个笼统的亲疏标准，如对于林黛玉和薛宝钗、史湘云，对于晴雯和袭人、麝月。基于这种观念，才有他昏迷中拉着袭人“诉肺腑”的情节，这也表明了他开始认真地并且严肃地认识到爱情这件事情。

晴雯之死，他用血泪写成的《芙蓉女儿诔》。他哭泣、他伤感，同时，他更加坚定了自己的决定。

他迷惘、孤单。而守在他身边的、真正默默爱他的就只有黛玉。黛玉一直相信他是爱情中迷路的孩子，兜兜转转还是要回来的。所以她一直在原地等待他，也陪伴着他，她一直站在他可以看见的地方，给他温暖，让他知晓无论世界多大，总有一个人在等他。

他在女人丛中四处周转着，他是书中风流之人，他拥有无数的爱恋，不管是明恋还是暗恋。袭人是他贴身丫鬟，也是贾母钦点的妾，而宝钗也自有一番韵味，叫他迷恋，而他也不将金钱放在首位，撕扇子作千金一笑为了晴雯，而宝玉又替麝月篦头。在故事开头，间接地插入了太虚幻境中，他与秦可卿的梦里的情感交汇，而史湘云也是他一个亲密无间的女友，还有各个丫鬟，他爱吃人嘴上胭脂，而这一些林妹妹都是看在眼里的。他的爱情就像是霓虹灯，在黑夜里泛着光明，周遭是一片的灿烂呼应，而林妹妹站在远处观望和等待。

她赢得了爱情，却失去了生命。她迷惘于他们之间的误会。而身为奶嘴男的他，什么都不知情，他只是陷入痴狂的状态。曹雪芹是细节高手，而内心独白的出现又是他这部书当中的一抹亮丽的色彩。第三十二回的时候，描写了林黛玉得知宝玉对她的情意，而两个人也真正地说了个清楚，没有之前的暧昧不清，而宝玉在这时也不是有好几个好妹妹的贾哥哥了。他告诉林妹妹，他是爱她的。林妹妹的反应是“又惊又喜，又悲又叹”，惊的是他竟然有如此勇气向她表白，喜的是她的感情不再是一出空白的独角戏，而悲的是时间制造出了一出冗长的错综复杂的剧情，她有些不知真伪了。她只知道她早在他明确他爱她之前，对他情有独钟，伤心为他、快乐为他了。叹的是自己的身世单薄，没有一个门当户对的背景，她不知道两个人的故事能够走多远，还是只能搁浅，留成一段遗憾。

两个人都是怔怔的，你望着我，我望着你，万句言语吐不出半个字。爱情在开口说爱的时候，仍不为爱情，唯有真爱的人才能明白他们是真心相爱的。爱的潮水一下子打在了他们身上，吞没了原先心中秘密交错的小角落，这样的爱情终于得到了双方的肯定，心里不仅充满着幸福的感觉，更被一种害怕失去的恐惧紧紧抓牢，如描述林妹妹所感受的那样“如轰雷掣电”、“铭心刻骨”。两个人此刻拥有了共鸣，而这只能意会，语言都变得苍白而无力。

“一个是阆苑仙葩，一个是美玉无瑕。若说没奇缘，今生偏又遇着他；若说有奇缘，如何心事终虚化？一个枉自嗟呀，一个空劳牵挂。一个是水中月，一个是镜中花。想眼中能有多少泪珠儿，怎经得秋流到冬尽，春流到夏！”

这是他们的爱情故事，以悲剧画下了眼泪的句点。

而整个故事最终也以一种恢弘的、庞杂的、不可抵挡的趋势进入了这样一个状态：为官的，家业凋零；富贵的，金银散尽；有恩的，死里逃生；无情的，分明报应；欠命的，命已还；欠泪的，泪已尽；冤冤相报实非轻，分离聚合皆前定。欲知命短问前生，老来富贵也真侥幸。看破的，遁入空门；痴迷的，枉送了性命，好一似食尽鸟投林，落了片白茫茫大地真干净！

任何繁华终究躲不过败落的那一天，繁华只如朝霞一般，又同烟花一样，虽然美丽，却短暂。

他和林妹妹的爱情也像一场寻寻觅觅的搜索，只是林黛玉在他定下心来就已经在那里等待着他，慢慢地期盼着他，心也随着绽放和枯萎好多次，而他懵懂不知，待到春流到夏的时候，他翻然领悟，而她已经为他落下太多的眼泪了。

一个奶嘴男典型的孩子，他心地善良，却是爱玩，他就像超市里的无毒蔬菜一样，任何人都可以欢喜地接受。他也从不与人示恶，对于社会的愤怒与仇恨，他也只默默地用言语和一些文字打发了。他不想进入为官的那个同流合污的处所，可是他也从来没有考虑到，看上去风光无限的他，实际上脱离了他口中仇恨的贾家和整个封建阶级的优越，他什么也不是了。都道晴雯是黛玉的影子；袭人是宝钗的影子。而宝玉更是那“多情菩萨种”。等到摸清自己内心所向的时候，他的时间已经不够了，整个命运已经不可逆转地落成了宿命的影子。

到底，他只是一个手无缚鸡之力的书生，他愤世嫉俗，却用不来那个时代可以运用的政治武器，他不懂如何学习那些可以让他立足的本领。他只会支支吾吾地发表言论，声音太大了，旁边的人会为他盖过，好好掩饰，他没有任何危险，他只是躲在一群女眷里，企图用她们来消停自己心中的恐惧。而林妹妹和他一样在万千个被同样思想奴役的人中，他们是同类，因为同样寂寞，所以同样被吸引在了一起，他们之间是不需要语言就可以达成共鸣的，因为心是他们最好的沟通。

也唯有林妹妹能让他有安全感。她是他的奶嘴，可以庇佑他继续当个天真无邪的孩子，所以他眷恋，也迷恋。兜兜转转，他还是回到了她的身边。

在第七十一回中，宝玉劝探春道："谁都像三妹妹好多心。事事我常劝你，总别听那些俗语，想那俗事，只管安富尊荣才是。"尤氏道："谁都像你，真是一心无挂碍，只知道和姊妹们玩笑，饿了吃，困了睡，再过几年，不过还是这样，一点后事也不虑。"宝玉笑道："我能够和姊妹们过一日是一日，死了就完了。什么后事不后事……倘或我在今日明日，今年明年死了，也算是遂心一辈子了。"

他便是如此的，不为那些油盐酱醋烦忧，他过着衣食无忧的生活，所以他可以选择糜烂的生活姿态。打小就被送进了家塾与看似无用的书籍打着交道，四书五经，家塾也让他耳濡目染了腐朽的气息，死读书，读死书，就是一种典型。而作为一个才开始阅读人生、开始想接触美好的孩子来说，这无疑是一种性格的抹杀，某种程度而言是一种凌迟。他便开始憎恨那些封建教育，警示自己不要循着他们的教育路线而走自己的人生，所以他举着拒绝的牌子，可是一旦他父亲出现，他又开始害怕，就像猫和老鼠是不能同处的，两者间必须有距离。

对于封建地主阶级来说，"结婚是一种政治的行为，是一种借新的联姻来扩大自己势力的机会"，就是放到时下也是适用的，许多人讲究门当户对，讲究的是金钱和权力的联盟，而绝非单纯的爱情。

所以他也早有预感，他和林妹妹的爱情是要被拆散的。对于这个阶级的人而言，林妹妹没有硬朗的家世背景支撑，而贾宝玉也不过是他们手中一张联谊的牌而已。薛宝钗无疑是最合适的人选，她维护着封建阶级最本质的东西，她是封建阶级的一个典型产物，她就像是一股巨大的推力，他们企图通过她把脱轨的贾宝玉拖回他们的阵营中去。

而贾宝玉若是没有林妹妹的支持，他不能撑下去，坚持自己内心所想，他也会随着大的潮流涌进繁华中，并且为了金钱和权力慢慢迷失自己。林妹妹是他的守护神。最后免不了也是一场悲剧：黛玉饮恨而亡，宝玉悬崖失魂。爱情不得善终。

“浮生如梦，悟透出家。”林妹妹去后，贾宝玉便遁入空门，一心向佛，其实是选择了一种躲避的方式，世界上少了一个了解他的人，他便寂寞了，也只剩下这样的方式可以让他离那些责任远一些。从小到大，他就被整个家族的希望给压得喘不过气来，他只能在夹缝中偶尔呼吸一下，而林妹妹给了他自由呼吸的机会，在她身上，他可以阅读到淡定和与世无争，暂时忘记那些繁文缛节，他可以轻松地说着混账话，而林妹妹从来不会打断他，他可以感觉到内心的温暖，幸福在这里温暖了他疲倦的内心。这个居所是他漂泊心灵的一个渴望，这才是他的快乐老家。可是她离开了，留下冰冷的世界给他，他茫然失措，世界摊开了它最无情冷漠的眼，他无可奈何。

“河东狮吼”程季常的奶嘴法则

在宋朝时期，有一个烈女柳月红，武艺高强喜好打抱不平，但是屡次相亲都以失败告终。就在她的哥哥一筹莫展的时候，柳月红在演诗会上邂逅了一位潇洒、正派的才子程季常，他是苏东坡的挚友，刚云游归来，柳月红非常仰慕程季常的才华，二人一见如故，惺惺相惜。突然有一天皇上赐婚于二人，他们的爱情故事就这样开始了。

柳月红：美丽聪慧，刁蛮任性，好勇善斗。虽儿女情长却又富有英雄气概，既有男儿胆又有女人味，她为了自己心中的那一份净土而不惜以命相抗。

程季常：文质彬彬、风流倜傥，外表看上去像个文弱的书生但是内心却是刚强的。但他又具有奶嘴男最显著的特征，那就是好玩，也正是因为他好玩所以引发了后来一连串的故事。

不可否认，一开始，程季常的确不能算是一个好男人，他太"孩子气"，含着"奶嘴"走了太久，也不懂得怎样去爱护、珍惜他的女人。但失去也是刻骨铭心的，让一个懦弱得像个小孩子的男人学会了什么叫爱、什么叫真心。

程季常为什么会如此服管？柳月红在程季常对她撒谎的时候，一边哭一边说："若还违拗些儿，天吓！我不刎便吊！"原来这就是她的法宝，两者相比之下，程季常只能乖乖地服从魔女的掌管。其实，柳月红如果按照一般的为妻之道去做的话，百依百顺，任由程季常浪荡，恐怕不会有什么好结果，远不如"妻管严"，让他老老实实做学问去，倒能有所成就。

所以，奶嘴男的女人们要掌握的另一条法则就是：妻管严。

奶嘴男也能成就大事业

但凡女人，都喜欢有责任心、上进心、勇于承担责任的男人。女人，总是希望能找到一个可以依靠的、敢作敢当的真男人，而不是一个凡事扭扭捏捏的男人。

有人说，男人就应该有男人的样子，那么什么才算是正宗的男人？胸怀大志、行侠仗义、豪气冲天吗？其实，就算男人再怎么气吞山河，他也有温柔的一面的，也许正是这样，才被称为奶嘴男。

但如果生活中做事拖泥带水，说话扭扭捏捏，还是要被人取笑为是奶嘴男。恐怕大多数的男人很不喜欢听到别人这么说自己，因为那无形之中是一种奚落和嘲讽。一个人的性格，一个人的作为不需要通过现实生活来表现。

如果你自己的老公说话做事，都要摆出一副兰花指，比女人还像女人的手指，说话没个高调。这样的男人，你可以忍受吗？有的时候，男人是奶嘴男也未必不是好的。

那些喜剧演员，如果他们不摆出奶嘴男的样子，不搞出那么一点点的笑话，又怎么能逗观众乐？换句话说，如果那些演员们在舞台上，都是大放言词，耿直干脆，那么这场戏滑稽性和趣味性就会大打折扣。

这是戏剧，我们再来看，生活中严重的奶嘴男也许常常会被骂为是人妖、变态。但是人们都忽略了一点，那就是如果一个人在心理和身体上没有问题的话，那么这个人很正常。大多数人，尤其是女人会对这样的人很反感。但是人们有没有想过，在发生一件事的时候，这些奶嘴男都有超出别人的冷静，对很多事情都有独到的见解，这未尝不是一件好事。

所谓的奶嘴男就是一些男性具有一定程度的阴柔气质，就像《丑女无敌》里面的天才摄影师陈家明。但是奶嘴男其实也不应该被指责，因为很多东西也不是他们愿意的。奶嘴男的造就也有各个方面的原因，他们的奶嘴情结在心理和生理上面都有体现。就像很多女人也开始没有阴柔美，而呈现出一种中性化的性格。

女人们，不用再埋怨男人是一种野性的动物，他们缺乏温柔，那是因为你还没有遇到奶嘴男。在温柔体贴的奶嘴男面前，我们的免疫力会更低，我们的爱情会更长久。

娘？“娘”是母亲的称呼之一，但如果用在男人身上却是地道的贬义词：这男人真娘们……诸如此类的评论如果用在一个男人身上，一定会令他感到莫大的耻辱。

不过，这个世界上的的确确有那么一大群忘记了自己身份的、令人起鸡皮疙瘩的奶嘴男。他们穿着花花绿绿的衣服，提着嗓子尖声尖气地说话。描眉毛、涂口红、抹胭脂、跷着兰花指、抛着媚眼、喷着香水，走起路来还夸张地左摇右摆。

难道阴柔的男人就是奶嘴男？这种逻辑是一种误区，也是一种偏见。人之发肤受之父母，外表是怎样的不是自己所能决定的，体形和外形轮廓不是凭借后天所能改变的。男人女人都一样，百马齐嘶，有的粗犷有的精致。

今儿，不管你是“纯爷们儿”还是“纯娘们儿”，一起来讨论一下奶嘴男。其实，奶嘴男具有莫大的好处。

奶嘴男，可以增进沟通与了解

前一阵子很火的美国电影《偷听女人心》，影片讲的是一个具有大男子主义的男人因为不懂得女人的心理，甚至后来都影响到了工作。但因为一次意外，他“听到”女人的心里话，从而进一步了解了女人。这部影片，是有夸大男人和女人之间的性格等方面差异的嫌疑，但同时也说明了一个问题：

男人和女人之间是缺乏了解和沟通的。不过，这部电影给了我们一个美好的愿望和幻想。

事实上，要解决沟通上的问题，只是需要一个奶嘴男。

奶嘴男，把自己当成“女人”，进行了换位思考，将很快理解女人的心思和心理，男人女人的沟通将不成问题。

奶嘴男，体贴又温柔

奶嘴男，因为有了女性的阴柔、温和等特征，所以变得容易沟通和相处了。奶嘴男，事无巨细，有着细腻的情感。他知道你需要什么，并且细心温柔地去为你做一些事情；他每天都面带微笑，让你的心情变得温暖和美丽。你会觉得舒适，没有一种居高临下的压迫感；他会把你的生活打理得井井有条，是个家庭好“妇男”；他比你温情，会尽心打扮生活；富有同情心，会给身边的人更多公平；他像一个妈，尽心把生活过到最好；他不具有侵略性，不会随便挑起战争。他不抽烟、不喝酒、不嫖、不赌，他是一个“好男人”。如果你忽略了奶嘴男的这个优点而选择“纯爷们儿”的话，那我只能说你是个受虐狂。

是不是常常会听到女人们对男人们抱怨他们不解风情、榆木疙瘩……那么，从今天开始，就不要再抱怨男人是一种野蛮缺乏温柔的动物，那是因为你还没有遇到奶嘴男。

其实男人拥有这样的女人情结也是有很多原因的，奶嘴男大多数是在女人的包围中成长起来或者是在女人的庇护下成长的。或者他们是因为母亲的特别关爱，或者是由于家庭中女性人群过于庞大和强势，造成女性的特质在其身上多一些罢了。

但是，奶嘴男人是有优势的：个性腼腆，心思缜密，注重着装，还有就是生性比较弱势，正合一些强势女人的胃口。

除此之外，就是很多奶嘴男可能在自己的母亲那里没有得到应该得到的母爱，所以从小被迫要自力更生，学习针线活、做饭、洗衣服、收拾家等，所以有了很多女性情结。很多人都觉得这些事都不是男人应该干的，男人理应干大事情。省省吧，天下有多少大事情让你干，你家脏得一团糟，爱人也不是那么利索，你干什么都不会安心的。

男人不应以干大事情为理由而逃避一些责任，家庭的琐碎也是一种责任。责任是没有大小区分的，关键是看是否会影响一个人的生活。家庭生活就像一艘航行在大海中的船一样，你只管掌舵，船没有了，你掌的舵还有意义吗？

不要总是固执地认为家庭的琐事是女人的职责，把注重仪表看做女人的义务。就像男人用香水一样，很多人都把喷香水看做女人的专利，但是他们不知道如果一个人不顾及自己身上可能有别人无法接受的气味，会有什么结果，最起码这是对别人的一种不尊重。甚至会让人家以各种理由回绝你的邀请和见面，你的机会就失去了。

奶嘴男的出现并不是什么不好的事情，因为有女人缜密的思维方式，有女人的很多好的方面，如果你能够真正地理解和借鉴，那么你就是成功者。但是，男人的刚性也是不能完全丧失的，男人的使命感当然也不能放弃。一些会使人们厌倦的反男人做派，还是应尽量地纠正和注意，毕竟你还要生活在这个需要人们协作的时代，谁都喜欢和有一些“养眼”的人一起工作和共事。

为奶嘴男支招

在如今的娱乐圈，打造猛男一般有两大成功的方式，分别适用于两大类男歌星。一类是像里奇·马丁那样有着迷人身材、天资又比较卓越的男歌星，可以让他大跳激情舞，让歌迷看了热血沸腾。像里奇·马丁那样的男歌星，在中国娱乐圈也能够找出不少来，里奇·马丁最著名的称号是“装着电动马达的摇摆臀部”，中国娱乐界里男歌星也不是没有。只不过，里奇·马丁的先天条件和出色的舞蹈才华以及拉丁族裔丰富的肢体语言结合起来，才会有他现在在国际流行乐坛的天王地位。如果用这些综合素质来要求中国男歌星，符合条件的就寥若晨星了。首先是那又唱又跳的体能要求，再说，我们的歌星很难练就里奇·马丁那一身舞蹈绝技。看来，这种方式我们的歌星难以做到。

另一种方式就是专为那些身体本钱不及里奇·马丁的歌星而设计的。这一绝招的要诀就是：“男人不坏，女人不爱”。英国歌星罗比·威廉斯就把这一招发挥得淋漓尽致、出神入化。就算他脸蛋还不算很英俊、个头还不算很高、歌唱得也不是很棒，可是不知道什么原因他现在已经晋升为英伦头号性感男人了。他的坏招包括 MTV 中的“出位”镜头，时常说一两句粗话、冲着镜头伸出中指等。尽管他自己并不喜欢这样，可是他的老板一定要他做出这种朋克式的叛逆姿态来。

第七章 执手奶嘴男，是喜还是忧

宽容对待奶嘴男

中学的时候，班里就有一个这样的男孩子。他长得清清秀秀的，个子高高的，一双细长白皙的手。现在想起来，他总体都倾向于女性化。那个时候，他就是那种依偎在他妈妈身边，不管什么事都要先问妈妈可不可以的男孩子。自己没有什么主见，张口闭口都是“我妈说……”“我妈说让我怎么怎么样……”总之，就是他妈妈说什么他就听什么，他妈妈不让他做什么他就坚决不做什么。而且，说起话来还嗲声嗲气，叫人听了身上直起鸡皮疙瘩。

即便是后来他结婚了也没有改变他“奶嘴”的性格，结婚以后的他把对妈妈的依赖转向了他的老婆，就像狗皮膏药一样天天黏着她。晚上两个人看电视的时候不是他搂着他的妻子，而是像小猫一样依偎在他妻子的怀里。妻子让他做点家务活，他也总是能够想到各种各样的借口逃脱。

别看他平常像一个天真无邪的孩子，生气起来，却非常霸道。两个人吵架的时候，他一定是占上风。比如，他看电视的时候没有经过他的允许谁都不能换台，喜欢吃的东西更是如此，最经典的一句口头禅是：“你的一切都是我的，我的一切还是我的！”

看，他很霸道，是吧？不过，人家这奶嘴男的霸道呀，霸道得还真让媳妇生不起气！

当一个正常的女人不幸遇到了奶嘴男，不仅处处让着他、迁就着他，家里所有应该男人做的事也变成了女人自己的事情。女人因此成了他实惠不花钱的用人、家长、护士、电工、厨师等多重角色。这对于女人而言确实是很不公平的，可是为了家庭的和睦与团结，女人们也只能把劳累咽回肚子里了。除非，女人准备让奶嘴男下岗。

有一次和已婚的好友聊天，她说，看他蛮不讲理、没心没肺的样子她确实是很无奈的，甚至有些身心疲惫。这样的一种生活，让她感到自己似乎并不是拥有了一个男人的爱，却多的可能是赢得一个孩子的心。但有时看到他像孩子一样失落，心又软了，又想哄哄他了……

也有朋友劝她，两个人结婚那么久了，孩子也大了，而他的“奶嘴性格”更是不可能一下子就能改变。因此除了受点委屈，多干些活儿，多承担一些责任还真的没有别的办法。除此之外，最重要的一点就是一定要有一个好的心态。俗话说，苦中作乐。退一步讲，这也不是苦。因为爱，所以要容忍和宽容。

当然，最好的办法还是得找一些合适的方式让奶嘴男自动断奶。通过循循善诱让他懂得，生活里不是只有他才是主角，该他担负的责任他就得担起。男人，就得有个男人的样儿。

我嫁给了大宝宝

我的丈夫身高约一米八，长得很帅，也很讨人喜欢，年龄比我大六岁，刚刚谈恋爱的时候，可能因为不熟吧，他表现得很绅士，也很疼我，让我有种归宿感。但结了婚，在一起柴米油盐过日子的时候，他的所有毛病就显现出来了。

首先是“护食”，不顾及其他人。他吃什么都会尽量吃，实在吃不了了，就把剩下的放冰箱里，也都是很少的一点，少了几个，还会转着弯地问，是不是你吃了？

最让人无法忍受的是，一到时令季节他就会引起我强烈的食欲，比如到了吃螃蟹的季节，他便兴高采烈地带我去参加螃蟹节，一去就先挑个最大的给我吃，等把我的嘴封住了以后，他就放开了吃。吃了一顿痛饱之后回家还对我妈说：“妈！对不起！今年的螃蟹太贵了，将近 80 块一只，再说带回来就冷了，也不好吃，一股腥味，我就没给您带。”我妈回得也精彩：“我有‘三高’，这些东西就算你带回来了，我也不能吃。那你吃了几只？”老公抹着嘴说：“8 只，真鲜！”

其次就是贪玩。一打开电脑玩起电子游戏，真可谓是昏天黑地的，一点也不像是一个奔三十的人。

再有就是他的不懂事。有一次，他的腿不慎受了伤，住院期间，我们全家简直可以说是天下大乱了。今天要他妈送一碗鸡汤，明天要我妈炖只甲鱼。跟我就更加胡搅蛮缠了，今天要一个小电视机，明天要个掌上电脑。不就是腿上的一点皮肉伤，有必要买一个小电视机吗？而且还要同房的病友和他一起玩，不同意他就开始不依不饶，非让我每天安排人来和他打 80 分，而且是只能赢不能输。一输就挂脸，说是腿疼。住院期间手机话费异常高，八百年不联络的人都送花篮、果篮来了，把病房整得跟高干病房似的，排了一溜。

更让人无法忍受的是，我陪了他一个白天，晚上回到家刚躺下，他的电话马上打来了，在电话里面扭扭捏捏地说是腿疼得睡不着。我烦了，发了几句牢骚，他竟然哭了，还嚷嚷着明天早上一定让我去买小笼包。第二天一早，我疲惫不堪地拎着小笼包到他病床边的时候，他还责问我：“为什么没带醋？”

想必很多人一定都会问我：那你为什么会嫁给一个奶嘴男呢？

我真是很无奈。说实话，没有结婚之前，没有天天朝夕相处的时候我根本就不了解他的生活小节。这些都是他父母惯出来的坏习惯，我们谈恋爱的时候，都是包装过的他，没露过馅。结婚以后，他也不需要再装扮了，而我也只能迁就他。我也是看在他还算为人正直、心地善良，有一定的可塑性，就先凑合着过吧。但我也有一句名言常常挂在他耳边：现在我俩刚结婚，就像同睡在一个摇篮里的婴儿，如果你我不能同步长大，有一天我长大了，我一定会跨出摇篮走的，你就待在里面继续吮吸你的奶嘴吧！

每当我说这句话时，他很紧张，也是唯一会拍我马屁的时候，但我觉得他不一定可以懂我这句话的真正含义。

嫁奶嘴男的 N 个好

要不要和陈结婚，林一直犹豫着。结吧，林担心他承担不起家庭的重任。

陈的外表绝对有着爷们儿的气质，一米八几的个头，体重九十公斤，俨然举重运动员的身板，可是林总有一种感觉，陈就像个还没有断奶的孩子，什么都要问问父母才可以，陈最爱说的一句话：到家问问。林生气的时候就拿话堵他："你自己没有想法吗？"陈还好脾气地说："我吃的米没有父母吃的盐多，还是问问爸妈吧。"

含情脉脉的时候，林问陈："你究竟爱我什么呢？"陈挠了半天头才答道："我父母喜欢你呗。"林依然深情地说："我知道你父母喜欢我，我是问你喜欢我什么？"陈老实巴交地答道："我喜欢我父母喜欢你。这是我喜欢你的一个重要因素。"

林那个无语啊！也不知道他们谁跟自己结婚。

谈婚论嫁要买婚房的时候，他们出现了两种选择：林想买离市中心远点的那栋房，房价低、面积大、环境好、空气清新、交通便利。陈却说，爸妈希望咱们离他们近一点，可以经常回去看看。林又问："你觉得呢？"陈说："我听我爸妈的。我妈说了，离得近多好啊，不想开伙，去吃；不想洗衣，拿回家去洗；有了孩子，照顾起来更方便。"林想了想也不是没有道理，就依了他就近买了房子。装修的时候，陈居然也不过问，都是他爸妈在那看着，他还大言不惭地说："近了好吧，他们是父母啊，他们不管谁管！"

除了太依赖父母这个不算缺点的缺点，其实陈什么都好：收入、工作、外貌、性格、人缘……什么都好！可是一想到陈结婚以后也这样"油瓶倒了不扶"，林就像得了"恐婚症"，权衡再三，还是没有答案。

于是林的好友帮林条分缕析：

弊：没有主见，过分依赖父母。

利：第一，奶嘴男在家是万千宠爱集一身，经济上当然

也需要人为他打点，你也因此沾了不少光；第二，奶嘴男还是一块蒸馒头前的面团，还没有完全成形，正在发酵期，婚后可以任意揉捏塑形；第三，黏人是奶嘴男最大的特征，可以有利于老婆的掌控；第四，把奶嘴男当做孩子一样疼，他就把你当妈一样亲，还有比这更稳当的家庭模式吗？大大有利于婚姻的稳固。

林豁然开朗，对陈奉父母之命的再一次求婚，爽快地答应：嫁！

执手奶嘴男，生活“好”舵手

别人家有凤凰男、牛奋男，咱家有奶嘴男，下面我们来看看奶嘴男的案例。

奶嘴男的早晨：每天早晨，妻子要先将挤好牙膏的牙刷放到牙杯上，不然他是不会刷牙的；再把热腾腾的稀饭放到桌子上，不然他就不吃了；然后连拉带拽地把在床上的他叫起来，时间不可以过早，否则他会再来个回笼觉，次数也不可以太少，要不他真的醒不来。

好不容易起来了，去洗漱，偷工减料的洗脸就像猫洗脸一样，擦一把，像完成任务一样，刷牙只刷大门牙。唯有喝稀饭时痛快，稀里哗啦喝完，心满意足地瞅着某处发呆。这时，妻子就要开始催促：快穿衣服，要不一会儿该来不及了。他如梦方醒般开始行动，出门前妻子也要一一提示：手机、钥匙、钱包。如果哪天疏漏了，他绝不会让人失望，肯定会忘上那么一两样。

奶嘴男的“依人”情结：每天晚上，只要一起坐到沙发上的时候，他必然先靠过来，依偎在妻子的怀里，状似亲密无间。一开始，妻子会觉得新奇，也觉得很幸福，但是慢慢地就会有一种不能承受之重的感觉，再怎么说也一百多斤啊。妻子推开他说：“哎，我快要被压死了。”他慢腾腾地坐起，一脸不情愿地说：“你也太柔弱了吧，靠靠能死啊?”听他说话那口吻，妻子立马就有一种男女错位的幻觉。妻子说：“我也很想依偎在你温暖的怀里看电视剧啊，那多浪漫啊。”他满意地点点头，一把把妻子往怀里塞，一丝怜香惜玉的温柔都没有，一会儿把头发压在他屁股底下，一会儿把烟灰掸到妻子胳膊上……实在不能继续做心惊肉跳的“小鸟”了，这角色给他吧，她还要保存部分体力督促他睡前洗漱，那是项很艰巨的任务。

奶嘴男首秀自驾游：妻子与好友讲老公的这种依赖性太强了，就像一个长不大的孩子。好友建议不要大包大揽，还推荐了自驾游的建议。说这种没依靠的旅行可以很好地锻炼男人的独立性、计划性、周密性等各方面的能力。很快，妻子就迎来了他们的第一次自驾游，出发前心里还偷乐，想着这次总算可以做回“小鸟”了。

可一出行妻子就后悔了，为什么？因为妻子是甩手了，可是老公却怎么也不接手，选哪条路线，怎么走，他压根就没谱，终于迷路了，奶嘴丈夫见一个路口张口问：“往哪个方向开？我可是路盲。”儿子却对迷路产生了非常浓厚的兴趣，不停地指手画脚，他也出奇的听话，儿子指哪他就往哪掉头，越绕越迷糊。妻子咬牙切齿地说：“见过没想法的，没见过你这么没想法的!”他则极其无辜地答：“从来都是你说我听嘛，谁知这回你忽然不说了。”

闻听此言，谁都会仰天长叹：家有奶嘴男，生活“好”滋味啊!

他是不是像彼德·潘一样，总是拒绝长大?

他是不是有恋母情结，30多岁的人了，事事要父母拿主意?

他是不是还和单身的时候一样事事以自我为中心，别人只在他需要的时候才存在?

他，其实就是传说中的奶嘴男，当你不小心爱上他，或许会成为他的一个新“奶嘴”。

那么作为女人，你该怎么让这个可爱的小男人成长为男子汉呢?以下为你支几招儿：

妈妈告诉我应该这样做

你的共舞法则：成为他最信任的人

多数妻子在面对这样的老公的时候，觉得最生厌的地方不是因为他没有主见，而是因为婆婆公公代替了自己应该有的位置。不论事情是有关夫妻两个人的，还是其他的，妻子总是愿意老公想到的第一个人是自己，否则就会吃醋。所以你第一步该做的就是如何让习惯依赖父母的老公，转向依赖自己。多说多做，让你的意识占领他的头脑。让自己表现得理性而积极，真正成为他的“贤内助”。这样他很快就会说“我老婆告诉我应该这样”。当然，最好是他能够说“我认为应该这样”。

我就是喜欢这样

你的共舞法则：还以其人之道

小孩子不就是这个样子的吗？当他觉得你不抱他的时候，他会自己爬起来。小孩子们在没有是非观的时候，都会蛮不讲理、死心眼。对此，大人会很头疼，但是孩子们也会有独特的解决办法。哭和闹，告诉老师和父母，他们就是这样长大的。但是，对待这样的老公该怎么办呢？除了苦口婆心地讲道理以外，专横一下也无妨。他没有是非观，你也可以我行我素一把。比如，你养个比他养的宠物更可怕的宠物，看他还有什么办法。

这是我自己的

你的共舞法则：贴上自己的标签

孩子们比大人更贪心，是因为小孩子不懂得该如何伪装自己的欲望。但有个办法却可以矫正自私的小孩子，那就是把属于他的东西，都用红色的笔写上他的名字。对待这样的老公当然也可以这样，电脑上贴上他的名字，他独霸电视机的时候，也在旁边贴上有他名字的标签。他那个时候肯定会非常愤怒，那么你可以在自己的身上也贴上他的标签。其实这些都不是关键，你也要把你所有的东西贴上自己的标签，当然也包括他。他是你的，他的东西自然也就是你的了。

我忽然决定这样了

你的共舞法则：让他了解后果

盲目行动，不如三思后行。一个不正确的决定不如不决定。缓兵之计绝对是对付奶嘴老公最好的办法。“你真的决定这样做了？如果事情还有变化怎么办？”两害相权取其轻，两利相权取其重是一个好法则。让你的奶嘴老公确定他真正想要的是什么，让他知道将来会发生什么样的变化。最重要的是，让他知道轻易下决定的后果。下一次，他肯定会慎重一些。

老婆你怎么不管我了

你的共舞法则：不可事事包办

如果你不是天生极具母性情怀的女人，你就大可不必凡事都宠着他。渴了就拿起杯子喝水，饿了就找个地方吃饭，困了就随便一趴睡觉——这是你应该做的。对待娇气的丈夫，最好的解决办法就是让自己比他还娇气。在他不胜其烦的时候，估计再也没心思撒娇了。当然了，这种办法要适可而止。你在关键的时候也要让他知道，当他真正需要你的时候，你永远都在他身边。

我就不管

你的共舞法则：婚姻是两个人的事

生活不是一个人的。为了让孩子懂得这个道理，大人通常都会制造机会让他锻炼。因此，妻子们也应该用这个方法让奶嘴老公们懂得孩子已经懂得的道理。不负责任，就要承担不负责任的后果。一定得让他知道，当他从自我的世界回到生活后，一切都没有变化。不做饭就饿着，不收拾就脏着，不爱你就让他孤单着。这其实是个非常严重的问题，如果你的老公永远不懂得负责，那么你们的婚姻将毫无保障。

我不知道该怎么办

你的共舞法则：学会循循善诱

不知所措的毛病一般是经历太少而造成的。作为妻子的你不妨循循善诱，“你觉得是不是这样会好一些?”温和的提示会让他跟着你的思路而思考下去，最终变成“他的”意见。这是一种很好的习惯，就像对待缺少经验的孩子一样，多让他提出意见，不要怕犯错。就算相同的错误犯多了，也会成为经验。

温馨提示

所谓没有断奶的男人，大多都是生活过于优越，性格过于单纯。如果你遇到这样的老公，一定要分清楚他的“奶嘴问题”是不是和人品有关。如果真的只是长不大，那么就尝试着与他共舞就成了一个很有趣的过程。第一法则和教育孩子一样：慈母多败儿。妻子的疼爱与纵容，只能使他变本加厉。反正他知道凡事都有你撑着，反正有你爱他，所以他更不愿意放下嘴中的奶嘴。

假如你能遵循以上共舞法则，你就会发现，帮助一个男人成长其实是一件很有趣的事情。那种感觉，会在你们有了孩子后再次出现，并且，你绝对不会束手无策。

第八章 让奶嘴男『断奶』的狠招

你的老公或者男友不成熟、不独立，总是像一个孩子一样地依赖你？或者是他的妈妈很强大，到他这把年纪还为他的生活琐事一手包办？如果你的他是其中的一种，那么很抱歉，你可能得一边做他的恋人，又一边接过他老妈的接力棒——他们，正是80后中最典型的奶嘴男。

苦闷的"移动奶瓶"

男的叫小尚，女的叫小雨。故事的开始是很浪漫可人的，那时他们的年龄都尚小，每日泡在大学的校园里，衣食住行都有父母担待着。她恋着他的单纯，爱扮鬼脸、爱使点小坏、爱讲冷笑话，是同学中公认的"可爱教主"。说起他这个人，还真也没有什么大毛病，就是有点小任性、有点小脾气，在学校住宿的时候总是堆了满床脏衣服、脏床单等着妈妈每月来打包回去洗。可是20世纪80年代出生的人，独生一代嘛，谁不这样？而小雨从小也是被父母宠着、惯着，锅不碰、碗不沾的，但是为了这份伟大的爱情，她决定转型。女人总是要嫁人的，总是要干家务、打理家庭的。

于是她早早做好了为人妻该做的准备工作，可是他却一点也不着急。他说，“妈妈说的，经济基础不稳定的情况下是不适合结婚的，妈妈也有她的道理”。爱情马拉松跑了 7 年，他终于得到了他妈妈的批准。小雨从此就从小尚妈妈那里接下了照顾小尚的重任，成了小尚妈妈的衣钵传人。这么多年过去了，他还是一副长不大的样子，但小雨想，男人结了婚就会不一样，他爱她，他会因她而变，她有信心。

可是在过了第二个结婚纪念日的时候，她就知道，她彻底被他打败了。

败况 A：“老母”变成“背后灵”

他是变了，变得越来越变本加厉。在结婚的前两年里，他遇上大大小小的事，总是会在第一时间拿起电话直拨他亲爱的妈咪。他喜欢听周杰伦的《听妈妈的话》，口头禅总是那句“听听妈妈怎么说”。大到添衣购物，小到夫妻的“嘿咻”，他亲爱的妈咪全都是小夫妻生活的“过滤嘴”。小雨常常被剥夺作为家庭成员的发言权和决策权，她觉得这个老母简直是挥之不去的“背后灵”。

败况 B：“可爱教主”功力升级

他从小就酷爱卡通漫画、玩电动、玩汽车。这些是小雨早就知道的，但她觉得这是小孩子的心性，结了婚就应该懂得收敛了，所以，她完全没想到结婚之后他居然可以“功力升级”。他害怕一个人在家，恐惧一个人睡觉，小雨不在家的时候一定要有那个叫小熊的玩具家伙陪着他。小时候玩电动，现在是玩电脑，三十有二了，还整天在CS、魔兽和仙剑的战网上日夜不分地厮杀，家里堆满了各种各样的模型、玩具。小雨要是不在家，他就一日三餐叫外卖。这"孩子"怎么总也长不大？后来，就形成了小雨必须为他打理好生活中所有的细枝末节，才能放心。

败况C：Baby成了他的大玩具

小尚最让小雨头痛的就是他的贪玩。他充满热情，喜欢刺激，被玩友们一声召唤，就立马循声而去，时而酒吧，时而杀人吧，时而牌局，行踪不定。小雨以为有了孩子以后，他这个爸爸就不会再这样贪玩下去了。谁知道，她的期望再一次落空了。去年，他们有了一个小Baby，可他的玩心却丝毫没有收敛，需要动手的家务事从来都不参与，孩子对他来说就是一个大玩具，心情好的时候过来逗一逗、乐一乐，心情不好的时候，扔在一边，自己玩自己的。要是遇上孩子哭闹的时候，他就干脆跑出门去。

小雨突然觉得，她已经被这个地地道道的"奶嘴老公"活生生地打败了，家里现在有两个小孩，她就是一个移动奶瓶，大的要她哄，小的要吃奶。这种日子真是让人痛不欲生，抱着娃跟闺蜜们一抱怨才知道，原来受此痛苦的女人还真是不少，她们都在苦闷着、悲哀着、无奈着。有的还在恋爱阶段就已经开始琢磨是不是该一刀两断，永绝后患。而那些认为不值得小题大做、舍不得扔掉老公的怨妇们就只能大叹一声："我的神哪！怎么才能把他嘴上的奶嘴扯下来？"

奶嘴男课堂

A. 课前测试

如果你心爱的他符合以下八条中的半数以上，那么，很不幸，你已经遇上传说中的奶嘴男。

1. 尽管他已经是一个快奔三十的男人了，他还是习惯凡事都听父母的话，表面是孝顺，其实就是没主见。

2. 个性专横霸道，总是以自我为中心，别人只在他需要的时候才存在。

3. 他比女人还爱撒娇、耍赖、装可爱，爱逃脱责任和家务事。

4. 他是碰不得的瓷娃娃，经不起小挫折，受不起小磨难。

5. 他时常情绪化，说过的话转身就忘了，爱着的人总是在换。

6. 他认为女人可以顶半边天，什么事情都得你看着办。

7. 他喜欢每天沉浸在大玩具小游戏中，且玩得不亦乐乎，爱耍嗲贪玩，常把老婆扔在家变成“望夫崖”。

8. 他总是出现不同的状况，然后拍拍屁股走人，习惯性地等别人来收拾烂摊子。

B. 听老师讲故事

1. 我的爱人是“孩子”

人物介绍：小木，女，24 岁

刚刚认识他的时候，只知道他是一个酷爱漫画、电子游戏的大男孩。和那些狡猾、油头粉面的男人比起来，他的单纯和可爱更让我欣赏和爱慕。但是，和他在一起朝夕相处，才发现这些单纯和可爱都是要付出代价的。他一个人的时候特别害怕孤独，如果遇上我偶尔加班晚回来，他便一个劲地给我打电话，也不管我到底有多忙，一会儿问手纸放到哪里去了，一会儿说泡面吃完了，就像一个离不开大人的五岁幼童。

和爱侣逛街是每一个女人最幸福的事情，而我却最害怕和他一起去逛街，他总能找到机会"顺便"溜进游戏厅使自己"激战"得畅快淋漓，而我呢，要么在旁边充当空气，要么就是一个人去逛街购物。不仅如此，他每天晚上下班回家以后，除了吃饭、睡觉、上厕所，屁股基本上就离不开椅子。家里堆满各种各样的漫画书、变形金刚和动画光碟，那些理财和励志的却从来不看，他说外面的世界很残酷，只有在动画片里才能找到美好。

最令我不堪忍受的是他特别热爱集体生活，只要那些哥们儿一叫，就立马循声而去。有的时候我下班累了不想做饭了，他就叫外卖充饥，典型的甩手掌柜。当然，他也有孩子般的优点，心地善良，为人单纯天真，和他在一起完全不用设防和担忧。只是这"孩子"什么时候能够长大?

点评：

恋人、夫妻之间其实有着很多种身份可以转换交替的。你可以是他的爱人、兄弟姊妹、父母……但是你们之间的问题是停留在"妈妈照顾孩子"这个阶段太久了。面对一个拒绝长大的"成人孩子"，要带他多了解成人世界的美好和精彩，要让他尝到恋人间可以用其他身份和方式相处的快乐和甜头。而你，要拒绝“母亲”这个角色，没有母亲，哪来的孩子？其实归根结底是你把他给惯坏了。不惯他，首先不惯自己，以爱男人的方式爱他，而不是溺爱，你放了手，他自然会自己学着走。

2. 大女人、小男人

人物介绍：舒亚，女，26 岁

我和东子是大学同学，上大学的时候我们俩是班上公认的男才女貌，在同学们的眼里我们是非常般配的一对。大学毕业以后，我考上了空姐，而他去了一家 IT 公司上班。我的工作很繁忙，每天从这飞到那，但是收入还是比较稳定的。东子在 IT 公司是一个新人，一直都抱怨怀才不遇。去年，他们部门接到一笔很大的业务，他通过竞争成为项目的负责人之一，终于有了一个可以证明自己的机会。那一个月，他废寝忘食，付出了他的所有努力和心血。也许是他太急于求成了，忽视了和其他人的配合工作，在关键时刻经验不足，引起客户的极度不满，被投诉到总公司。

从此以后，他在公司就坐上了冷板凳。但是我怎么也没有想到，今年春节前他突然辞职了。原因很简单，在部门联欢会上他觉得上司有意冷落了自己，于是一气之下辞了职。一直到现在，他都一直在家里歇着，每天守在电脑前不是炒股就是玩电子游戏。我曾不止一次跟他说出去找一份工作，他总是高不成低不就。现在，他干脆把自己封闭起来，足不出户，更不想未来。每个月生活支出的重任全都落在我一个人身上了。我成了养家糊口的大女人，他成了逃避风雨的小男人。过去那个意气风发的男人突然不见了，我们的婚期越来越近，可他这个样子怎能让人放心？

点评：

对于这样一个抗挫打能力较弱的小男人，你首要应该做的就是激发他的责任感。你负担起了养家糊口的重任，他正好可以躲在你的港湾里逃避风雨。你应该非常明确地告诉他，一个家是需要两个人一起扛的，你不会再承担属于他的那一部分责任。一定要狠下心来，帮助他断奶，把他推出家门吧，失去了最后一个逃避的堡垒，他就会没有选择地面对他应该面对的人生，才会"置之死地而后生"。

3. "听妈妈怎么说"

人物介绍：淑惠，女，25 岁

我和苏杰的家庭可以说是世交，双方的父母都在一个单位工作。还记得我母亲第一次把他带到我面前的时候说的第一句话就是："这孩子很孝顺。"不错，他是个性情极其温和的人，对长辈永远都是彬彬有礼的。但是，他的孝顺真的是孝顺过头了，他的口头禅就是"听妈妈怎么说"。

我们在一起已经两年多了，他不管遇到大事还是小事，第一举动总是拿起电话拨他妈妈的电话号码。逛街迷路了，他也给他妈妈打电话远程遥控怎么走；我们买衣服，他拿不定主意也要问他妈妈，然后说："妈妈说买这件。"

偶尔我们也会因为一些小事吵架，他总是低着头可怜兮兮地说："要不让妈妈来评评理？"他的妈妈，小到衣食住行，大到工作生活，事无巨细，无一不包办。在他妈妈的庇护下，他就是一个长不大的孩子。去年我们到杭州去旅行，他就连内衣内裤都要打包带回来给他妈妈洗。我也因此跟他抱怨过，可他总是很委屈地争辩说：“妈妈是为了我们好嘛。”我跟自己父母发牢骚，他们说：“等苏杰成熟了就好了。”可是他打算什么时候成熟呢？他明明比我大两岁，却像小弟弟一样让人照顾。

点评：

苏杰的问题不光是他一个人的问题，他的妈妈也要负起很大的一部分责任。母亲的保护做得太好了，事事都要包办，所以孩子才永远长不大。所以，要想解决苏杰的问题，首先得和苏杰的母亲谈谈，她必须放弃以孩子为中心的生活模式和行为方式，如果她不给苏杰成人的天地，那么苏杰将永远都不可能放弃这种依赖心理。

降“勤”补“拙”

从很多情况都可以看出，男人的生理年龄和心理年龄似乎总要比女人慢半拍：当女人的皱纹开始爬上眼角的时候，而男人还是一脸皮光肉滑；当女人的母性已经慢慢开始向周遭蔓延的时候，男人还在嗷嗷待哺状地游戏人生。要想培养一个优质的熟男首要的条件就是让男人的外表和心智同时“发育”起来。

亲爱的磊：

老实讲，我更喜欢你在别人眼里的样子——西装革履、文质彬彬，思考问题的时候紧皱眉头，说话的声音深沉有血性。可是从职场走到家庭的那一刻开始，你就彻头彻尾地换了一个人。你脱下沉重的西装外套，好似也把一种叫做"成熟"的伪装也一并脱去，你总是在换鞋的时候冲我傻笑着，单纯得像五岁孩童一般的天真灿烂——让我有一种莫名其妙的错觉，仿佛回来的不是我的男人，而是我放学回来的儿子。

你迷恋靠着我坐在沙发上看电视的那种感觉，不是搂着我而是依偎在我的怀里；你总是喜欢听从我做的所有决定，除了点头认同之外就没有任何表示；你生气的时候从来都不训斥我，只有一脸的委屈就差掉眼泪了；你每天出家门前总是那么的恋恋不舍，8 个小时之后又会以最快的速度飞奔到我的身边。你在别人的眼里或许是有点冷漠的形象，我知道你是把你所有的温柔和爱都给了我，然而，这种"特别的爱"丝毫没有让我觉得我赢得一个男人的心，而只是赢得了一个孩子的心，取代了他母亲的位置。我并没有宽厚的翅膀，我的母性也没有多到泛滥成灾，我也是一个需要男人来宠爱的女人。

亲爱的磊，我想说的是我现在需要一个爱我、宠我、关怀我、可以给我触电感觉的男人，而不是一个百般依赖我、信任我、在我面前千依百顺的孩子。再过一个月就是你 35 岁的生日，我真希望你可以就此迅速成熟，把含在嘴里的奶嘴彻底丢弃。

永远爱你的姿

这个世界上什么都有法可循，唯独爱情没有一个人可以手把手地教你怎么去和一个男人或女人谈恋爱，没有学校可教，也没有什么学科可读，每个人都得靠自己的能力和感悟在情感世界里摸爬滚打，然后慢慢成长、成熟起来。

相对于男人来说，女人往往更细腻、聪慧、敏感和善于交流，这使她们很容易就找对自己要走的方向，心智如同雨后春笋般突飞猛进。然而，正是因为女人的这一份“勤”，才显出了男人的“拙”。

不要漫无目的地去指责男人的稚嫩，这只能让他们更加摸不着头脑，结果只能使他们一如既往地拒绝长大。也不要绝望地、垂头丧气地打算换一个男人来爱，吃自己种的瓜怎么都比别人种的甜。忘记是谁说过，女人是男人最好的学堂，这句话说得很对。你或许不需要手把手地教会他们应该如何蓄起好看的胡子，却需要手牵手地带领他们成熟起来。如果他已经长成一个奶嘴男了，那就不要再给他过多的关怀，收敛一下自己大女人的表现，控制住满溢出来的母性，让自己也学会像孩子一样地对他撒娇，习惯去依靠而不是被依靠。

如果他是个感情后进生，你就要在他再一次使用“奶嘴”的时候，温柔地揭穿并且制止这种状况继续蔓延下去，提醒他不要用这些愚蠢的方法来经营你们的爱情。成功的男人多数依赖于女人的支持，而失败的男人大多时候也归咎于女人的纵容。告诉他什么才是你想要的爱情，牵着他的手让他跟上你的步伐，在这场爱的成人礼中共同受冕。

揪出奶嘴男

"别打扰我，我在练级做任务。"

分析：CS、魔兽、仙剑，哪一个是他最擅长、最酷爱的网络游戏？就算不睡觉、不吃饭，也要把对手打个片甲不留的他，是否让你一个人曾经独自面对过许多次冷锅冷灶，凄凉得眼泪直流。相信他们并不是有意忽略你，只是他们实在太爱玩游戏了。

对策：不但要撒开手陪他无休止地玩耍，要在肚子饿的时候温柔地提醒他，亲爱的，我们该去吃饭了——记住是"我们"，而不是"我"。

"今晚你几点回家？"

分析：他已经习惯并且热衷你为他做饭，下班按时回家，总是死守在电视前看英超直播，没有你在身边的时候他会睡不着觉……这样的"绝世好男人"会令女人们很放心。事实上，内心却像孩子一样孤独——一旦离开大人，就会焦虑得不知所措。

对策：不要错误地认为听话的男人就是最好的男人，在他们身上往往缺少很多属于男人的魅力，晚上出去玩的时候带上他，允许他适当地变"坏"一点吧。

“用不着问我，你来做决定吧！”

分析：女人一直错误地以为他这样是对你最大的尊重。错！在你沾沾自喜之前先回忆一下这样的话他已经说过多少遍了。没有主见的男人会在“随便”中不知不觉地产生依赖心理，但很多时候不是他们没有主见，不想做主，而是被“大女人”们剥夺了说话的机会。

对策：在前往心仪已订的餐厅之前，先停下脚步来问问他今晚想吃什么，要去哪家餐馆。不准他提意见的结果，便是从此以后他会沉默得让你再没有“意见”。

“我妈说了算！”

分析：对老妈唯唯诺诺、百依百顺的男人压根儿就从未走出心理断奶期，永远只能将即使很爱的女人放在第二位。他们的内心世界是很拥挤的，容不下女人对自己过多地指手画脚。一旦双方产生分歧，第一个需要收拾包袱滚蛋的人其实就是你自己。

对策：摆脱母爱是一个男人获得健全人格的标志，经常鼓励他做一些独立的决策，但不要试图强行将他的母亲从他身边挤开，这样只会适得其反。

以彼之道还施彼身

看过金庸小说《天龙八部》的人都一定很熟悉姑苏慕容家有一门非常高深独到的武功“以彼之道还施彼身”，这门功夫其实是专门用对手的独门功夫来对付他们自己的，屡试不爽。而"以彼之道还施彼身"这套功夫同样适用于奶嘴男，所有的孩子在还没有懂事之前，都会认死理并蛮不讲理。所以必要的时候你也要向他学习学习，比如在他需要你的时候，你也可以埋首网络游戏对他充耳不闻，这样他就会知道原来他的行为令你多么难过。

多方沟通，求得帮助

在你依照上述方法帮他"断奶"的时候，千万不要忘记一个人——那就是他亲爱的老妈。因为如果他对你的这些"恶行"无法忍受，自然会想到要向他的老妈哭诉。所以你一定要在行动之前，取得他妈妈的认同和帮助。如果他的妈妈不给他让出成人的天空，他就永远不可能放弃心理依赖。那么你所做的一切就没有任何意义，反而会适得其反。

放手让他长大，激发责任心

如果你已经习惯做男友的"妈妈"了，那么，他就会成为一个拒绝长大的孩子。所以你一定要先学会拒绝"母亲"这个角色，要以爱一个男人的方式去爱他。对于像玻璃一样易碎的男人，最重要就是要激发他的责任感，两个人在一起生活是需要双方共同承担的，他必须要对他的那部分责任负全责。狠下心来切断一切他赖以生存的来源，他就能学会"置之死地而后生"。

争取信任，循循善诱

为了使"断奶"计划顺利完成，你第一步要做的就是让过分依赖妈妈的他变得信任自己。多说，多做，让他可以深刻地感觉到身边有你这样一个能干的“贤内助”，这样他就不用凡事都请示他的妈妈了。当然，为了避免你成为他的第二个“妈妈”，鼓励和暗示也是一种好办法。在遇到什么事情的时候，千万不要急于说出你的想法，而是悄悄地提醒暗示他“你觉得这样做会不会更好些”。这样他就会用自己的脑子去思考，慢慢接受你的思维方式，而最终形成自己的意见。当然，这需要极强的耐心和爱心。

争取权利，不事事包办

一定要让他明白一个道理，就是这个家里的所有的东西是两个人共有的，包括彼此本身。在他习惯性地使用家里的东西的时候，一定要让他准确无误地知道，这个东西你也有份。比如在他霸占着电脑多时，你可以在电脑上贴上自己的标签，证明你也有使用电脑的权利，这样他便会知道，这是两个人共有的生活空间。

其实，不必把爱上奶嘴男当做一件很可怕的事情，要试着把帮助一个男人成长当成一件很有趣的事情，而且有了实战经验，等你们有了孩子以后，你就再不会觉得束手无策了。这样的“断奶”经历也许还会成为你们之间永远珍藏的宝贵经历，温暖你们未来的旅程。

第九章　奶嘴男断奶记

奶嘴男断奶记（一）

如果不是那场变故，我和奶嘴男老公可能早就已经分道扬镳了。

老公之所以最终成为奶嘴男，完全是婆婆一家日积月累培养的伟大成果。婆婆当了好多年的超生游击队长，儿子才姗姗而来。从一落地的那一刻开始，他就成为全家人的祖宗，人家是非常“6＋1”，他是超级“9＋1”，爷爷奶奶、姥姥姥爷、爸爸妈妈，还有三个宝贝姐姐，都是围着他转，干活绝对是没有他的份。外加他性格文静而且成绩很好，婆婆更是“宠爱有加，宠爱有理”，随着年龄的增长，这种宠爱有增无减。

大学毕业后，老公进了政府机关当公务员。工作很是悠闲，闲暇时间他就喜欢看书、看电视、上网泡着，日常家务事，一概张口叫“妈”搞定。结婚之前，我看他对婆婆很好，每天都轻声细语陪婆婆聊天，婆婆的生日他总是铭记在心，并早早地备好了礼物。恋爱的时候虽然不是很喜欢他奶嘴男的做派，但父辈们都说，孝顺的孩子再坏也不会差到哪里去，我想也是，很快我们就结婚了。

婚后的一段日子，我才深刻体会到这奶嘴男可真的不是一般的“奶嘴”，而是衣来伸手、饭来张口、油瓶子倒了也不扶的“公子爷”。

刚结婚的时候我的工作三班倒，非常辛苦。偶尔让他扫扫地，他也是转头就喊婆婆来代劳，要不就是让他姐姐们来帮忙。每次洗个澡他都要在卫生间里扯着嗓子喊“老婆，快拿衣服来！”难道，我的宝贝婆婆在他小的时候没有告诉过他洗澡前要准备好衣服吗？我曾狠下心对他不予理睬，他就把衣柜翻得乱七八糟。甚至不惜把一黑一白的袜子穿出去。“丈夫身上衣，便知家中妻”，真是让我丢死人了！

我以为孩子出生后情况会有所改观，但他仍然是甩手掌柜。孩子哭了，他只会扯着嗓子喊：“老婆快来，宝宝哭了！”也不知道去哄哄抱抱。有一次孩子生病了，去医院打针，他在家休息，打电话让他来帮忙照顾孩子，他又故技重演，把他姐姐唤来。家里的大事小事，好像都跟他没有什么关系。日子一天天过下来，我的心一天天冷了，禁不住自问：他爱的是我吗？他眼中还有这个家吗？这样的男人真的靠得住吗？我还能跟他继续过下去吗？

就在我心灰意冷、在婚姻的十字路口徘徊的时候，婆婆出事了。那年，股市牛气冲天，一向精明聪慧的婆婆竟然跟着一群老姐妹到证券交易所“上班”，开始做得还可以，倒是赚了一些钱。后来不知道听了哪路“神仙”的指点，婆婆竟然把全家所有的财产（我们的工资都上交给婆婆）投了进去。黑色的“5·30”，婆婆几乎血本无归。受了强烈刺激的婆婆，突然脑出血病发，送进医院抢救，每天的医药费高达三千元！

老公一下子不知所措，仿佛是天塌了下来，三天下来，人都瘦了一圈，胡子拉碴的，憔悴得不得了。这“断奶”来得太激烈了，我曾担心这个打击会把他打趴下。两周过去了，婆婆还是昏迷得不省人事。那天晚上，老公说，我要回家休息一下！我嗤之以鼻，都到了什么时候了还能睡得着！

第二天，老公把全家人都叫来说：“妈的病看来一时半会儿是好不了，我们得从长计议，做好打持久战的准备，我想的是把房子拿去抵押贷款做为给妈的医药费，贷款由我做兼职来还。妈住院期间，我们几个轮流陪护她。”说着，他扭过头来对我说，“老婆，这个家平时都是你在打理，我每天只顾玩，这么多年来真是辛苦你了！现在起我来当家，我们一起渡过这个难关吧！”

从那天起，老公真的像换了一个人似的，他开始去广告公司做文案赚一些外快，晚上就去医院照顾婆婆，周末就在家把家整理整理或是带着女儿出去走走，虽然在家庭事务上仍旧不能独当一面，但是，偶尔也会看着菜谱做几个还不错的菜。人呀，还是得有适当的压力。现在，看着老公忙碌而坚定的背影，一股幸福感就会涌上我的心头。

奶嘴男断奶记（二）

从朋友那里听到一个新的名词——奶嘴男，初听只是笑笑，待朋友细细解释过后，很自然地就想到了我的老公。从前的他，和朋友嘴里的奶嘴男是那么的相似，还好，他现在正在渐渐地变得成熟起来。

我和老公是大学同班同学，一路走到今天已经有五年的光阴了，回想这一路的坎坷，有许多感怀涌上心头。

记得那时候刚入学，学校安排新生去部队军训，要求每个人把自己的生活用品打包到一个特大号的编织袋里一同带到部队。打包对我来说是小菜一碟，可是整装待发的时候，我却犯愁了——我这小巧玲珑的身体 PK 一个这样硕大的袋子还真有点困难。还好宿舍一个身形高大的姐妹帮了我的大忙，两个人虽然费力却总算是顺利上了卡车。

到了部队，我们一下车就分组了，然后才各自回各自的宿舍，这时候才真傻了，那好姐妹没和我分在一个组，而且已经被他们小组长带走了。我们这一组跟我都不是很熟，而且各自都是提着自己的行李还勉强，根本无力顾及我。

正在发愁的时候，只见一个男生走过来，一手提着自己的行李，一手提起我的，二话没说，就向宿舍那边走，我还站在原地没回过神，他已经走出十几步了。

待我反应过来，仔细一看，原来是我那位好姐妹的老乡，心中喜不自胜，呵呵，这下有救了！

这就是我记忆当中和老公最初的相识，现在看来，似是有一点英雄救美的意味。后来的后来，曾经问过老公："你那时候是抱着一种什么样的心情帮我的呢?"老公答："当时就是看见你太弱小了，帮你提下行李而已。"我追问："你当时就没有想过要追求我?"老公答得干脆："没有。"伤心太平洋呀……

与奶嘴男相恋

这一次的相识之后却没有了下文，接下来的两年时间里，我们对彼此的认知也就只有相互知道名字，知道在同一个班里而已。

事情的转机还是源自我的那位好姐妹，现在想来，她应该算是我们的“红娘”了。

因为我们课业不是很多，所以有很多时间都是可以自己支配的，没事的时候，我总喜欢跟她一起吃饭、一起聊天、一起逛街、一起去图书馆……渐渐习惯了这种腻在一起的日子。有天她突然跑来告诉我，她家里有事要请假回去，因为知道她家比较远，就问她要多久，她说至少也得一个星期，我的心开始自由落体，随口说一句：“那你不在的时候谁跟我玩啊？”

“找我老乡啊，×××。”她也似是不经意。

“那怎么好意思啊，我跟他也不熟，再说他又是男的。”我说的是实话。

“没事，我跟他说一声。”

“还是不用了。”我总觉得不妥。

她刚走，就已经觉得一个人的日子够孤单和无聊的。正在宿舍发闷的时候，宿舍电话响了，室友接起来，转头对着我一脸坏笑：“找你的，男的。”我一头雾水，平时我的电话极少，会是谁呢？

听到电话，才知道是他，我那位姐妹的那个老乡，我晕，她真的跟他打过招呼了，当时只当她是随口说的，全没有当回事。

他是叫我出去打羽毛球。

反正闲着也是闲着，就和他去打球了。

这之后的几天里，他总是来找我，打球、吃饭、逛街、图书馆……我们从最初的生疏渐渐变得无话不谈。在她回家的日子里，他似乎真的代替她做了我的知己。

记得那天一起去上网，上到一半突然停电，在被告知短时间内不能来电时，我们准备离开，走到大门口的时候，才发现外面正在下着瓢泼大雨，可是我们别说伞了，连件可以挡雨的外套也没有带。他丢下一句“等我回来!”就冲进了雨里，等我反应过来的时候，只看到他在雨中奔跑的背影。

至今，我依然清晰地记得当时的情景，他在雨中的背影已经深深印在了我的心里，那一刻突然想到：人生中如果可以有这样一个男人相伴其实也不错。

也许年轻的花朵就是这样，只要给一点点阳光就可以没头没脑地开放。

后来，在一次打完球后，他在黄昏中吻了我，我们的故事就这样开始了……

交往过一段时间以后，对他的印象一直都是不错的，机灵、幽默、单纯、善良、直率……满眼看到的全是他的优点，而且最重要的一点是，他是真心喜欢我，所以决定把他带回家。

家里人没有像我那么喜欢他，大家一起来劝我，列举出种种反对我们的理由：他家是外地的、现在没有稳定的工作、长得不是很帅、家里也没有钱……甚至连身体太单薄这样的理由都提出来。

那时候我们正处在热恋中，心里已经认定了彼此就是今生的伴侣，从头到尾，我始终是顶着全家的巨大压力坚持和他站在一起。好在家里人还是比较民主的，虽然他不是老爸心目中完美的女婿人选，但最后看我这么坚持，还是同意了我们的事情。

而在他家，我们面对了同样的问题，他家里人也不很喜欢我，理由和我家里人同样现实，他面对着他家里人的劝说同样沉默而坚持。终于，他家里人拗不过他，同意了我们的事情。

我们终于走到了一起，心里一直觉得，这份相守是顶着许多压力好不容易才走到一起的，应该好好珍惜这份来之不易的幸福，一定要用尽自己所能好好地对待他。

婚后相当长的一段时间里，一直都是抱着这样的想法来和他相处的，总觉得一定要在自己还拥有的时候用尽全力地好好去珍惜，而不要等到失去的时候才去后悔。

也许就是因为有了这样的想法，自己不知不觉已经对他好得过了头。婚后他就一直过着衣来伸手、饭来张口的生活，而我，成了他全方位的保姆，而且还是屁颠屁颠的。

那段时间，我常白班，他常夜班，我每天下午下班后才开始忙，买菜、做饭、洗衣服、收拾家……忙完这一切，他差不多下班回来，然后和他一起吃饭、睡觉。第二天早上，当他还在梦乡的时候，我已早起去上班，平均算下来每天睡不了几个小时。

记得有一次，去他们单位接他下班，正好有个朋友叫他去吃火锅，就一起去了。他们吃饭中间一直在聊，吃完了还聊个不停，一点也没有要回家的意思，我看了一下表已经三点多了，就跟他说："三点多了。"他莫名其妙地看着我。我说："我明天还要上班。"他这才想起来我明天早上七点还要起来上班，不好意思地说："呀！我都忘了!"这才不再聊了，一起回家。

在家里，不光洗衣做饭是我，像装电脑、走电线、修插线板、换灯泡保险丝之类的大小事情都是我，可以负责任地说，在家里面，他除了自己换洗的衣服能找到，基本上所有的东西都不知道放在哪里，或者说有很多东西他都不知道家里面有没有。

这样不正常的日子我们居然也相安无事地过了好久。

终于有一天，我意识到自己也是女人，是他的老婆而不是老妈，也有被人嘘寒问暖的需要，也有被人疼爱的权利，于是，天平开始失衡。

开始时也只是小小的抱怨，而当他在我的抱怨面前无动于衷的时候，终于再也忍不住了。

一次激烈的争吵后，我负气地摔门而去。一个人走在路上，看着夜晚的万家灯火，每一盏灯光下都应该有一个温暖的家吧，而此时，我却一个人在路边漫无目的地走，没有一处可去的地方。回想自己这些年为这段感情付出的一切，换来的除了今天的心碎似乎什么也没有，这样想着的时候，眼泪就一直不停地流下来。他发短信过来，“对不起”，只短短的三个字，我的眼泪就不争气地又流了下来。

争吵，不停地争吵，生活依然在继续，伤害、道歉，再伤害、再道歉……

一开始，他还会在事后因为争吵时对我的恶劣态度而感到后悔和内疚，到后来渐渐地习惯了这样的争吵，便渐渐地麻木，甚至连话都不能好好地说了，只要超过十句话，就一定会因为一些鸡毛蒜皮的小事争吵起来。

其实他还是爱我的，只是性格使然，无法改变，他曾经对着我的朋友说过，说我是个好老婆，我听后真不知道是该高兴还是难过，为什么明明知道是好老婆，还不好好地去珍惜？

有时候，我甚至胡思乱想如果自己出点什么事，他是不是才会后悔没有好好对待我。那次出门要坐飞机，去机场的路上，发短信给他，如果飞机出什么事的话……他叫我不要胡说，还说如果我出什么事，他一定伤心死了。

虽然知道他还是爱着我的，但是这样不断的战争，还是让我感到疲惫，渐渐地，开始怀疑自己爱得值不值得，甚至和他之间还有没有爱。这样想着的时候，觉得还不如索性放手，重新找一个人来相处，或者宁愿自己一个人。

看看自己的爱情，满目疮痍，惨不忍睹，那段时间自己一度接近崩溃的边缘。长时间的失眠，总是莫名其妙地哭泣，歇斯底里地发脾气，反复地听一首歌，整夜整夜地上网直到四肢冰凉……

也曾经不止一次地想过要放弃，可每次总是不忍，不忍两个人一路走来却只剩他一个人走下去，不知道这算不算是爱，想离开却又离不开，每天只能在痛苦里挣扎，心里唯一抱有的希望就是想他有一天可以成熟懂事，我就不会这么累了……

好在那时候有几个同事相处得还是不错的，上班的时候，感觉还会好过一点，嘻嘻哈哈地就过了，也还算开心，可是一下班，一想到下班要回到的那个家，哎……

现在回想起来，都觉得那段日子是那么阴暗，闷得让人喘不过气，却又找不到出口，感谢上帝，这一切总算是过去了，只愿今生再也不要有这样的生活，阿门……

苦涩的经历让奶嘴男断奶了

曾经以为，一个人的性格和脾气不是那么容易改变的，也曾经绝望地以为，自己这样的婚姻状况也许还会持续很长时间，没想到这期间发生了一件意外的事。

在我们结婚后的第二年，他的父亲去世了。

他家里，最疼他的就是他父亲，从小到大一直无微不至地关心、呵护着他，那种疼爱，就算是只有一个馒头，父亲都会给他吃，自己不会吃一口。

自从他来这个城市上学以后，就很少回家，毕业后又忙工作，结婚以后更是和我留在这里，每年回家的次数都是屈指可数的。我们总计划着等在这边发展得好一点，生活条件允许的情况下，把他的父母接到身边来好好侍候，也能让他们在辛苦了一辈子之后在晚年能享享儿孙福。他父亲一直以来身体都还可以，而且也还年轻，我们以为总有机会的。

树欲静而风不止，子欲养而亲不待，一切都来得太突然了。

那天我们和往常一样待在家里，似乎是刚吵过架，各自忙着自己的事，电话突然响了，他接了但很快就挂了，过来对我说：“我爸病了，我要回家，你跟不跟我回?”神情特别紧张着急。

我心里本来是极不痛快的，但看他的样子真有什么事发生了，“哦”了一声拿上包就跟他出门了。

到了火车站，买不到当下的票，又到旁边汽车站问了下，最早的车也要半个小时后才发车。无奈之下，我们打了辆出租车就往家赶，一路上还一直催促司机快点，快点……

然而即使是这样，回到家还是连父亲最后一面都没能见上。

他抱着父亲的照片，一直地哭，一直地哭，埋怨自己平时没有多回来看看，埋怨父亲连走都不等他回来见最后一面。都说“男儿有泪不轻弹，只是未到伤心处”。那几天，他整个人都要枯萎了，我看着他那个样子，好心疼，真想能帮他分担一些痛苦。

经历过这次的事情，他明显改变了很多。我想，也许是至亲的离去让他懂得珍惜眼前人了吧。

以前，因为工作比较忙，没有什么时间回家，时间长了或者过节的时候，我总是提醒他给家里打个电话问候一声，他总说：“也没什么事，过年就要回去了，打电话也没什么说的。”

现在每隔几天，他总会主动给家里打个电话，对母亲嘘寒问暖。也许是因为父亲的离开，让他更懂得亲情的可贵，也更懂得关心母亲了吧。

以前他即使是休息在家，也基本上什么都不干，只是躺在床上看电视，即使我忙着洗衣服做饭，他一般也都无动于衷，喊他帮点忙也总是不情愿。

现在他下班回来看到我在做饭，都能主动帮我打打下手。

平时他上班，我一个人待在家里，总是懒得做饭，有时候将就一口，有时候干脆就不吃。他知道以后，每天中午的时候都会打电话来，问我吃饭了没有，催促我按时吃饭，多喝水……

那天晚上吃饭的时候，我突然感觉不太舒服，饭也没有吃几口。他很关心地问我，还烧水让我洗脸睡觉，我洗脸的时候，他在床上看书等着我，洗完脸走到床边，看到他躺在我的这边，问他怎么躺在我这边，他说是在给我暖被窝。当时就觉得心里面暖暖的，他以前是从来不会这样的，现在他也懂事了，知道心疼人了。

时间一天天地过去，越来越感觉到他的变化，我的奶嘴男开始慢慢变得成熟懂事起来，而最近我们也在计划着要一个宝宝了。

我可以清楚地看到幸福正一步一步地向我走近，心里面满满的全是甜蜜，终于开始相信，王子和公主从此要过着幸福快乐的生活了……

奶嘴男断奶记（三）

一个男人，如果是奶嘴男的话，必然会被大多数人所鄙视，甚至在工作生活上都很可能因此而受挫。

一个海南的打工仔竟然从改变自身“奶嘴”的痛苦历程中发现了商机，开办了一家“男子汉”工作室，专门对奶嘴男进行强化训练，使他们更有男人的味道。让人出乎意料的是他竟因此改变了自己的命运，每月轻轻松松地赚到2万元。

26岁的华红军出生于四川省宜宾市一个普通农村家庭，在家排行老三，有两个姐姐。因为常常和女孩子们玩，导致他的言行举止在不知不觉中也带有了一些女孩子的特点，说话细声细语，就连走起路来也是轻柔的小碎步，学生时代就有同学取笑他是奶嘴男。2001年，华红军中专毕业之后，到海南省海口市一家饲料公司当业务员。通过两年的磨炼，他的销售水平不断提高，业绩不断上升，2004年6月他的业绩已经是全公司第一名了。就在当月，公司决定从业务员中选拔销售部经理，所有业务员都可以参加竞聘。

华红军满怀热情地参加了竞聘大会，并且在竞聘大会上发表了慷慨激昂的竞职演讲，大会结束后，大家都觉得他有着丰富的经验和出色的业绩，销售经理的职位非他莫属了。但是两天以后，公司公布了结果，华红军名落孙山。他听公司秘书和办公室主任小声议论说："老总本来是打算选华红军作为经理的，他不但经验丰富，业绩也非常的出色。可是老总觉得他有点'娘娘腔'，让人看起来很不放心。而且，销售经理要经常和客户吃饭、喝茶，老总担心华红军会影响到公司的形象，所以才选择其他的人。"华红军顿时就明白了自己落选的原因，觉得凭外表用人太不公平，一气之下离开了那家公司。

后来华红军去了一家农资公司面试，面试的负责人很坦白地告诉他："你看起来太柔弱、太稚嫩了，说起话来像一个女孩子。俗话说，嘴上没毛，办事不牢。我们对你不放心啊。"

奶嘴男让华红军郁闷极了，偏偏在这个时候，女朋友小玉发来短信："我们分手吧！"他瞬间就感觉到像是突然挨了一记闷棍一样。

原来，前些日子小玉的爸爸从老家来看女儿的时候，小玉把华红军介绍给了自己的父母，父母事后就坚决反对他们两个人再在一起。爸爸说："这个人说话嗲声嗲气的，没有一点男人的气概，怎么可能给你幸福呢？"

事业和爱情双双受挫的华红军，此时才深深意识到“奶嘴”已经成了他人生道路上的拦路虎。痛定思痛，他下定决心改变自己，做一个受人尊敬的“真”男人。他首先决定从外形上改变自己，为了这个他每天早上 5 点就起床跑步、压腿、拳击，不管风吹雨打，从来没有间断过。

两个月过去了，他原来瘦弱的身躯慢慢地变得强大威猛起来，但是对着镜子还是觉得自己走路的时候有一点扭捏的感觉。于是他以后每天早上除了锻炼身体以外还增加了一项内容：像军人那样甩开大步走 5 公里路。

几个月以后，华红军在马路上碰见过去的一个同事，同事竟然没有认出他来，然后说：“几个月不见，你小子怎么变得这么威猛了?”华红军说了自己的经历后，这个同事感叹道：你现在确实像个男子汉了，只是说话还带点“娘娘腔”。

回家以后，华红军想到自己说话确实还带点“娘娘腔”，他苦恼地跑到大海边，对着海浪歇斯底里地大喊：“为什么会这样？我要做个真正的男子汉!”喊累了，他趴在沙滩上流下了伤心的泪水。

几天以后，华红军突然发现那天在海边吼了一阵儿，自己说话的声调竟然有所改变了。他高兴地想：原来说话的声调可以通过练习改变！这个惊奇的发现让他暗下决心，通过锻炼改变自己的声音。于是，他每天早上都从海口市的新港路跑到假日海滩，对着大海大声吼叫半个多小时。两个月后，他说话的声音果然变得铿锵有力，“娘娘腔”一点都没有了。

变得有十足男人味之后，华红军很顺利地被海口一家大型房地产公司录用当保安。但此时他在想：社会上一定还有很多像自己一样因“奶嘴”而屡屡受挫的男人，如果自己开一间“男子汉”工作室，帮他们打造“男人味”，肯定会很受欢迎的。于是，他放弃了当保安的工作，于 2005 年 4 月在海口工商局注册了“男子汉”工作室，开始以每个月 400 元租金租了一间办公室。为了生意能顺利，他在当地报纸的分类广告栏做了一个广告，还印刷了 2000 份宣传单，拿到人才市场去散发。

但是令华红军没有想到的是，才两天就有 20 多个人打来电话说要报名。华红军暗自偷乐。但第二天当他看到前来报到的几个学员的时候，顿时傻眼了——这些学员不仅走路姿势比以前的自己还要扭捏，有的讲话的时候还会跷起兰花指，他不禁心里暗暗打鼓，不知道自己是否可以成功地改造他们。就在他考虑是否要回绝他们的时候，一个长得十分秀气的男青年突然拉住他，竟然哭了起来。

这个男青年是小学的数学老师，可能是因为周围的人大多都是女性，所以在不知不觉中，他竟然也变成了奶嘴男，在学生中不但没有了威信，就连女朋友也嫌他没有男人味而和他分手了。看着这个和以前的自己很像的泪流满面的男青年，华红军还是决定对这些学员开展为期半年的培训，每人每月收费 200 元。

接下来的几天，华红军让学员们早上 6 点半准时到滨海大道集合一起跑步到 10 公里外的假日海滩，然后到了那里对着大海大声地吼叫。一开始，这些学员锻炼得都很认真，可一个星期后，竟然有 5 个学员提出要退训。华红军着急地问他们：“这是为什么呢？”有一个学员说：“我们还以为你有什么特殊的方法使我们变得更加有男人味，没有想到你只是让我们锻炼身体和大声吼叫。”华红军解释说：“你们可别小看了这些简单的方法，我自己就是用这些方法变成‘男子汉’的。”但那 5 名学员仍然说：“就算这些方法真的有效，我们完全可以自己回家锻炼，何必要交钱来训练呢?”华红军听了以后，也觉得自己的训练项目确实没有什么特点，情急之下说：“这只是开始，后面我们还有许多特别的训练。”几名学员听了，这才半信半疑地留了下来。

事实上，他这么说只是稳固学员的一时权宜之计，到底要怎么训练才能既留住学员，又行之有效呢？华红军突然想到，军人就是很有男子汉气概的男人，为什么不能请一名军人来对学员们进行军事化的训练呢？想到就干，他随即就招了一名退伍军人来当教官，还买了一些军装，让每个学员从跑步、拳击和站军姿等进行规划式的训练。从此，学员们训练起来果然认真了很多，也没有人再要求退出。

两个月过去了，学员们在教官的带领和帮助下，体格训练收到了良好的效果，学员们大多变得健壮了、威武了，一举一动也有了阳刚之气。见对学员的改造初见成效，华红军决定让教官带着学员们进行步型和发声训练，由教官带着学员以军人的步伐行走 5 公里到海边，然后对着大海喊口号，练嗓子。

一个月以后，学员们走起路来都已经威风凛凛了，男子汉气概也多了几分。但是，他们说话扭扭捏捏的样子却没什么改变。华红军不禁郁闷了，当初自己这么训练改变了声调，为什么他们却没有。

就在这个时候，华红军接到了高中同学的电话。他刚刚从四川老家来海南旅游，两个人一见面，华红军感到很吃惊——他以前和自己一样，说话带有一点嗲嗲的声音，可是如今他的说话声音竟然如此浑厚，非常有男人味。华红军忍不住问他是怎么改变的，他说："嗨，这有什么可奇怪的，我上大学学的就是美声专业，经常练习发声技巧，时间长了，肯定有所变化的啊。"华红军大受启发，他不禁想，为什么不找一个声乐老师来教学员练习发声呢？

随即，华红军找到了海南省某大学教声乐的王教授，王教授听了华红军的介绍后，说："你平时都是怎么让学员们练习发声的？"华红军把自己练习的方法告诉了他，王教授听完后摇了摇头说："你这种方法是很盲目的，一般说话很嗲的男性声调都会偏高，你这样让他们乱无目的地乱叫，只会把他们的声带损坏。一般正常的男性在说话的时候，声调都是中音，你应该有针对性地训练学员们的中音。"听了王教授的这一席话，华红军恍然大悟。他与王教授商定，请王教授每周来给学员授两次课，讲解发音技巧，每上一次课收费 80 元。

王教授授课非常认真而且很负责，为了使学员们正确地掌握发声的技巧，他把学员带到了琴房，让学员们跟着琴声练习发声。一个月过去了，学员们的"娘娘腔"竟然一扫而光了。送走了这些学员们，华红军长长地舒了口气。他算了一笔账，除去各种费用，他每月平均能赚到 4000 多元。

2006 年 3 月，华红军开始招收第二批学员。因为第一批学员改造得还算成功，这次才一个星期就有 40 多人来报名。有了改造第一批学员的成功经验，华红军这次训练起来就驾轻就熟了。他把训练的全过程分为练体魄、行走和发声三个阶段分步来进行，先让教官带着学员跑步、拳击、站军姿和走军步，待学员掌握了王教授的发声方法后，他就亲自带着学员到海边，对着滔滔海浪练习发声。

第二批学员进行得很顺利，紧接着华红军开始招收第三批学员。由于前两批办得都很成功，这一次，他都不用广告宣传，就有很多人主动找上门来报名了，5 天之内报名人数已达 60 人。此后，他见自己的“男子汉”工作室已经初具规模，又增加了男士的社交礼仪培训这个新的“利润增长点”。

2007 年，在华红军第三批学员的训练结束之后，华红军发给每个学员一张宣传单，正式推出男士社交礼仪培训。很多学员看后，都觉得这样的培训很实在，当场便掏钱要报名参加。为了搞好男士社交礼仪培训，华红军还花高价从一家五星级酒店请来一位公关部经理授课。

随着“男子汉”工作室的业务不断发展扩大，华红军的收入也在不断地增加。到 2007 年 11 月为止，他的月收入已经达到 2 万元，从一名普通打工仔变成了小有名气的老板。前女友得知他现在的变化后，非常后悔，还主动找到他，想再续前缘。如今，华红军的事业、爱情双丰收，还准备跟女友结婚后，在海南买一套大房子，把“男子汉”产业做得更大更强。

第十章　女人谈奶嘴男

七嘴八舌话奶嘴男

Nancy　32岁　公司副总

我是一个以事业为重的女人，如果丈夫甘愿做贤淑的“水鸟”，也恰好补足了我作为女人的“不称职”，何乐而不为？每个萝卜都有一个属于自己的萝卜坑，每个人都有一个适合自己的生活位置。如果丈夫喜欢水鸟的温馨，为什么不可以好好享受夫勤子乐的家庭生活呢？

小静　30岁　护士长

婚姻和爱情一样，没有最好的，只有最适合的，两个人只要相处得愉快和谐，不必去计较谁主内、谁主外，就不会成为幸福的绊脚石。但我个人认为，男人还是要有自己的社交活动，这样的男人比较有个人魅力。如果老公像水鸟一样黏着我和孩子，我会对他说：“嘿，距离产生美，你还是多出去走动走动。”

晓枫　32岁　会计

尽管我们现在这个社会的包容性和自由性已经很大了，但最传统的社会分工是乱不得的，就像男人不能生孩子一样，就算现在同性恋结婚已经合法化了，但是，男人还是不能做一个“称职”的母亲。为了维护正常的家庭模式，我情愿自己辛苦一些，以免让丈夫有机可乘，贪恋奶嘴的安逸。

小虹　35岁　销售经理

在职场中，我们的薪水按照“按劳分配”的原则进行，为什么在家里，女人就不能享受“多劳多得”的原则呢？我的收入比丈夫高，我在工作上比他付出得多，那么在家里就让他付出得比我多一点吧，这样享受“清闲”也合乎情理。但有一点，我会时常提醒水鸟老公：“亲爱的，谢谢你把家里照料得那么好，你比我能干多了！”

小颜　33岁　编辑

自古就有木兰代父从军的故事，为什么生在新时代的我们就不允许老公代妻扮母？新时代的女性在职场都可以与男人一较高下，男人在家庭角色上与女人寸土必争也无不可。生理构造并不代表男人不能做一个“好母亲”，如果男人愿意像水鸟一样父兼母职，我偷着乐都来不及，为什么要反对呢？

王颖　31岁　教师

如果我生活在泸沽湖或者我是摩梭族人，我会很高兴嫁给一位奶嘴男，但是我生活在如此忙碌的大都市，环境和舆论都不允许我找一个视家务为己任的男人。我也许不敢保证自己在事业上比丈夫强，但是我敢肯定，我在照顾家庭方面肯定比他强。如果家务忙不开身，那就各施所长，我辞职做主妇，把外面一整片蓝天留给他。

男人奶嘴女人鞋

忘记是哪位作家曾经说过，男人与生俱来都有一种奶嘴情结。

男性和女性比起来，对奶嘴的依赖可能更绵长、更深入。随着年龄的增长，男孩慢慢地变成了男人，个子长高了，胳膊也粗壮了，骨骼更强壮了，成了一个顶天立地的汉子。男人因此把烟嘴当做奶嘴的延伸，烟嘴成为他们的第二个奶嘴。

据有关部分的统计，我国有五亿烟民，而女性烟民只有3000万左右，而95％以上的烟民均为男性。男人吸烟其实是一件很正常的事情，就像女人出门一定要涂唇彩一样。如果一个男人从他20岁开始抽烟，一直抽到70岁，刚好50年；如果一天中的上午、中午和晚上均吸两支的话，那么一个男人一生要抽109500支烟；若按每支烟8厘米计算的话，一个男人一生吸的烟就有8760米长，几乎等于世界第一高峰珠穆朗玛峰的高度。当然，吸烟的男人一生吸的烟可能远远不止这个数。

男人和烟有着一种奇妙的关系，这种关系像是妻子又像是情人。烟的牌子已经数也数不清，但是男人最喜欢的、最固定的却只有那么一种，这就像妻子，妻子只能有一个。男人抽烟，抽的并不完全都是烟，而是一种生活的内蕴。女人在面对生活的挫折、困难和失意的时候，可以选择逃避、放声大哭。可是男人和女人不同，男人不能事事都逃避，也不能轻易屈服，他要用自己的七尺之躯把全部的挫折、失意和磨难默默承受了，埋藏在心底，不能让别人看见。但是，男人也是需要抚慰和发泄的，这时烟就像一位情人了，悄悄来到他的身边，给他温柔的亲吻。点燃一支烟，烟头明灭闪烁的火焰，就像情人温暖的眸光；盘旋弥漫的烟雾，就像善解人意的情人在娉婷舞蹈，这时候心中的孤独、苦闷、失意、痛苦等，随着盘旋的烟圈彻底释放了，抛到了九霄云外。

男人嗜烟，就如同女人爱鞋。女人与鞋，就像是一对孪生姐妹。一个女人的一生，要穿多少双鞋也许没有人计算过，但是女人鞋子数量一定不会少于她的年龄。女人的鞋，是一件绝妙的艺术品。三寸金莲现在只能在博物馆见到，但三寸金莲就是一件很了不起的艺术品，那流线型的设计，那鲜艳的颜色，那精致的做工，都是艺术品中的上乘。

鞋可以说是女人的第二张脸，凸显着女人的身份、妩媚和美丽。上流社会的贵妇，常常会穿着一袭玄色的套裙，一双高筒靴子，在聚会上显得格外瞩目，在旋转的舞姿中，靴子就像是一朵绽放的花朵。富人家的小姐，穿着白色的衣裙，在春光灿烂的午后荡着秋千，两只鞋子就像飘舞的纸鹞。终日对着青灯木鱼、看破万丈红尘的尼姑，脚上穿的一定是一双素色的布鞋。如果是乡下妇女，穿的是麻绳和粗布做成的实用耐穿的鞋，或者是再简单不过的草鞋。

女人的千姿百态，万种风情，通常都是从一双鞋子开始的。一双精巧的鞋子，如藕的秀腿，这是女人最诱人的地方。不少小说描写男女的关系往往都是从一双鞋子可见端倪。

贾平凹的小说《废都》里写道，庄之蝶去看阮知非的时候，到了阮知非的卧室，开一个壁柜门，里边有五层格架，里面放的全都是各种各样、大小不一的女式皮鞋。阮知非对庄之蝶说，我喜欢鞋子，这每一双鞋子都有一个美丽的故事。阮知非是歌舞厅的老板，可以想象他和女人的关系是多么复杂。庄之蝶和唐宛儿第一次亲密接触的时候，他看到唐宛儿的美腿，便动手去按唐宛儿的脚踝，唐宛儿就脱了鞋。然后庄之蝶从兜里掏出一双新鞋给唐宛儿，唐宛儿高兴地穿上了，把一双旧鞋嗖的一声丢在床下去了。这一描写，把唐宛儿水性杨花的风月品性淋漓尽致地表现出来了。

在古代，女人都是把鞋当做自己的生命一样爱惜，关乎自己的忠贞。“破鞋”这个词也以此引申说那些失贞和不忠诚的女人。在生死事小、失节事大的封建社会，哪个女人如果是“破鞋”，那将是一辈子都抬不起头的。可见，女人与鞋，竟有如此重要的关系。

男人的奶嘴，女人的鞋，是这两性最为重要的东西。男人的奶嘴暗示他们内心的脆弱，那份脆弱不能像女人表达得那么直白，只能埋藏在心里，必要的时候总要拿出来发泄，有的人通过嗜烟嗜酒表达，而有些人单纯热情不愿意埋藏，就成了现在的奶嘴男。

奶嘴男人的孵化是用来品的

这个世界不管是谁孵化谁，都不是问题的所在。

男主外女主内的这种家庭模式，从古一直延续到今，被千千万万的家庭接受而沿用，使得很多女人被困在家中，成为主妇。当男人叱咤风云、呐喊着成为社会的主流的时候，女人的地位无论怎么拔高，也翻不过身来。

那种一语盖天、一言惊世的做派，是每一个男人梦寐以求的精神主宰。大至领导，小到家庭的户主，没有一个不是注册着男人的名字，高高在上的让女人和孩子仰视着他们。

提及男人，满脑子都是坚毅、坚强、阳刚、爷们。男人的“雄”，意味着霸气、主宰、征服。从单位领导的男女比例来看，哪种性别更逊色呢？这是一目了然、毫无疑问的。

事实胜于雄辩。

奶嘴男的出笼，借助的不是新形象，而是冲破传统观念，这是社会的发展，也是时代的进步。男人是人，女人也是人。为什么女人白天在家做保姆，晚上还要做小姐，二十四小时全免费服务于老公？物欲横流的时代，不仅冲击着社会，也一样冲击着家庭。

男人和女人一样在外面打拼，一样挣钱，一样养家糊口，一样为婚姻背负着重任，一样奉献着爱情的激情，没有理由一直让女人只能服务于男人，当然，也没有理由让男人服务于女人。

婚姻是男人和女人的平台，你疼我爱，相互感动的区域地带。

在动物的世界里，雄性主内雌性主外，比如斑头雁、企鹅，雄性会很尽心地照顾雌鸟孵卵，雌鸟负责生产和觅食。

人类由猿类进化到现在，难道男人就不懂得体贴女人吗？和女人一起承担家里的一切事务？那种“坐享其成”、“饭来张口，衣来伸手”的格局什么时候能够演绎翻版？

女人侥幸地遇到一个为她分忧解愁的好男人，心里难免会落下疙瘩，总觉得自己遇到了个没有出息的男人，而惶惶不安，不敢理所当然地接受男人对自己的关爱和照顾。

其实这并不是男人的错，而是女人自己不懂得享乐。男人既是用来爱的，也是拿来用的，当然，反过来也可以成立。夫妻之间要想和睦长久需要的就是这种平等互动对流的感觉，需要的就是这种你恩我爱相互体贴的模式。

婚姻不是爱情的坟墓，当然也不是爱情的磨合，而是一种相依为命的合作关系；既是一种双向选择，也是一种互惠互利的关系。

做一个水鸟男人吧，人生漫长，喜新厌旧又是人的一种本能。

如果你想继续你的婚姻，如果你很在乎你的伴侣的感受，那就用你的智慧来武装自己吧。女人是用来爱的，更是用来品的，只有品才能尝到女人的韵味；男人是用来爱的，水鸟男人的孵化更是用来品的，只有能品的男人，才更有男人的韵味。只有能品的婚姻，才真正有婚姻的内容。

要男人干吗

——当女人越来越想被宠，男人竟然在女性化！

——现代女性力大无穷，站出来，发起雌威，吼一声，还真管用，正是要面子有面子，要人情有人情，出钱出力，在所不惜。不比以前，孤儿寡妇只会搂作一团哭泣，任人欺诈。

——女人将统治世界。当然，用的是男人的方式。

莫琳·多德《要男人干吗》

这是一本被欧美文化界高度推崇的著作，莫琳·多德对两性互动的敏锐观察、幽默且犀利的文笔，让当代两性之间所面临的各种无奈展现得无可置疑，让读者在爆笑中难掩感慨和共鸣。

现在的女人通常只有两条路走：一是嫁夫生子，终身扮龟；二是闯荡江湖，拼个你死我活。

显然，很多女人都很想要走第一条路：什么都不做，扮成一个时尚淑女或贵族妇人，当乖巧又默默无闻的全职太太。她们终身梦想着可以被拯救，可以被宠爱、被呵护，逛街购物，躲在香闺里绣一辈子的花。但是，现实中男人却在不断地退化，却逼使她们不得已走上了第二条路。

莫琳·多德说，过去我们只听过“要抓住男人就要先抓住他的胃”，但是如今我们必须重视男人想些什么、想做些什么或至少他喜欢做什么……

如今的男人连一点小小的脾气和欲望都被当做一件很重大的事件，甚至被倾听。如果继续这样下去，她提出一个有趣的观察，就像书中写的那样："千百年来男性争强斗狠的行为，已经让Y染色体奄奄一息。遗传学家说，男人如今是两性较弱的一方，而且可能很快就完全消失。到了那个时候，我们还要男人干吗？"

——吃完饭后，女人会做做样子好像把手伸进提包里，但其实只是虚晃一招。女人知道你会在她们掏出信用卡之前加以阻止。如果你没有阻止的话，她们会记恨在心。

——付账，是仅存的少数几种可以表现男子汉气概的方法。

——成功单身女性最大的恐惧就是：男性的权势对女性虽然有催情作用，但是女性权势的芬芳却让男人退避三舍。

——现代的妇女历史可以用三句话来总结：女人要求平等；女孩只想玩乐；女士渴望优哉游哉地过日子。

——女人谈恋爱是想找个人谈心，但男人却希望女人闭嘴。

——D. H. 劳伦斯说：90%的性都发生在脑袋里，脑袋是最重要的性器官。

——内心深处，在男人的虚张声势和阳刚气概之下，他们其实很害怕承认自己想要的不过是一位聪明、自信、可靠的女人作为终身伴侣，好让他们在40岁前无条件地全心对待对方。这是挑衅吗？

莫琳·多德的女性的身份和《要男人干吗》的这部书的书名，都构成了一种挑衅。时下有一种很流行的说法：觉得如今社会里人际关系变得越来越冷漠，心灵的窗户好像单元楼，甚至还上了防盗门。现在社会中的年轻人都很忙碌，工作占用了太多的时间和精力。在很多美好浪漫的周末，人们总是很容易在约会和睡眠中做出明智的抉择。把工作当做首要任务其实还不算是太糟糕，最糟糕的是除了工作之外，一切其他的事情都默认你知晓。你是很优秀的员工，OK，那就默认你是知道如何洗袜子、如何做饭的，也因此默认了你是知道怎么谈恋爱，现在的说法是“建立长期稳定的男女之间的人际关系”。

回头想想其实很有问题。Yahoo 被收购了，探测器登陆火星了，这个世界变化还真快呢。人的情感、感性、性别意识居然不会随之改变？到底什么是男人？什么是女人？会不会有人写进手册里？这种性别角色扮演技术的确在发生改变，男女对彼此的期待也在发生改变。默认你知道，默认的究竟是什么？你确信你从学校厕所墙上开始学习到的知识，以及在酒桌上的只言片语足以勾勒女性世界的全部（假设你是个男人）？

如果试图站在男性的角度来看问题，是否会觉得女性作为某种性别整体出现是毫无意义的。面对一堆错综复杂的思想，很难把它归分到某一种类型中，也很难利用经验对它加以区分。例如某人送她干女儿一件礼物，基于人们对女性的普遍认知觉得她应该会很喜欢芭比娃娃的，但是她却突然提出要玩具手枪和汽车。所以要学习、要修正，否则就会非常悲惨。

而如果是一个普通男性，他没有什么恋爱成功的经验，也无法对其进行归纳和区分。所以，他选择的恋爱对象完全就是离散的，各种类型都有可能存在。这就是现实生活中最常见的一个场景：小伙子驾机起飞，给自己下达的指令是无固定目标自由攻击，最后就只能是壮烈牺牲，或者飞去丽江或者拉萨疗伤。其原因就在于我们现今的女性是个复杂的群体，古典的价值和女权的新价值同时存在着。每一个女性的价值观也许都会完全的不同，看起来完全是火网纵横，随意选择一条航线试图穿越，不被击落那叫奇迹。如果愿意相信这种奇迹，倒不如找个池塘蹲在边上等仙女下来SPA。

举几个很简单的例子：

1. 聚会的时候，你怎么判断在座的女性是否也需要香烟？

2. 晚餐的时候，你怎么判断是应该AA制付账还是应该由男士埋单？

3. 上车的时候，你怎么判断随行的女性是应该坐在前排、后排还是和你同坐？

着重说吃饭的问题，AA制时下很流行，而男人买单却很古典。如果女性坚持认定自己是一个独立的女性，那么抢先埋单不会被认为是慷慨，而是被认做是一种对女性自立和觉醒的轻视，没有平等对待。反之，平权的意识可能被认为是吝啬，或者用这种方式贬低对方的性感迷人程度，因为美丽有权免单。

奶嘴男，越少越好

奶嘴男，你爱不爱？

2009年的春节联欢晚会上，小沈阳以《不差钱》迅速走红于祖国的大江南北，又出现了魔术师刘谦过于女性化的装扮，似乎导致了人们的审美观发生了变化。打开电视机，各电视台到处都是类似于《超级女声》的选秀节目，选秀节目中男生一个个的比女生还要漂亮妩媚，一个个举手投足间显出一股阴柔气质，反而是女生越来越男性化和中性化。也许是中国的男人阳刚了数千年，一开始，这种风格只是被观众欣赏着和好奇着，到后来便是彻头彻尾地模仿，大街小巷到处都是这样阳刚不足、温柔有余的男生。在他们的身边，通常跟着的是一个打扮很非主流的女生：脸色煞白，眼影漆黑，衣服是红配绿。这样的两个人走在一起往往回头率还挺高。

莫非，我们真的已经对奶嘴男欣赏并且认同了吗？莫非女人已经开始喜欢这种说话细声细气的男人了吗？答案当然是否定的。

曾经很火爆的一部电视剧《我的团长我的团》，这部电视剧的女性观众不在少数。片中那些热血沸腾的男人哪一个不是充满阳刚味道的？这就足以证明，不管是在哪个时代，不管这个时代如何变化，男人始终是要有男人味的。而这个男人味的评判，绝不仅仅是皮肤好、身材好、气质好、说话温柔就足够的。

其实所有的女人都喜欢有所担当、有责任心、有上进心的男人。而对于男人而言，偶尔的“奶嘴”或许也是一种尝试，在自己喜欢的女人面前撒撒娇也没什么大不了的。但如果是逢人便捏着鼻子说话，还是不要也罢。这样的男人，说白了就是很符合人们所定义的“小白脸”，腻歪得要命。和这种男人谈恋爱，大事小事都得你自己拿主意，事事都没有主见，如果你不是大女人，建议还是不要和奶嘴男谈恋爱。女人都希望能找到一个可以依靠的肩膀、一个敢作敢当的真男人，而绝不是一个处处扭扭捏捏的男人。

奶嘴男真的应该越少越好。我们的社会是需要正常的和谐的。一个有责任心的阳刚男人，一个温柔体贴的女人，这样的家庭才算正常。而不是一个奶嘴男身边跟着一个非主流女人，这样下去不是回到母系社会，便是毁掉前途。

奶嘴男的潜规则

2007年的时候，赵宝刚导演的《奋斗》在各地火热上映，收视率居高不下，一度成为年轻人每日必看的一部青春剧，剧中的台词也被广大青年奉之为经典名言。现在的时尚是都喜欢给生活在不同年代的人贴上标签，而这个剧中的人物就是一群80后的标兵一族。

向南这个角色在剧中并非主演，但是却给我留下了很深的印象，一直没法给他很好的定位，到如今才找到一个很合适他的定位，就是奶嘴男。

向南的闪婚给许多人留下了深刻的印象。有的人认为他这样体现了青春的价值，青春就应该刺激浪漫，不顾一切去爱；有的人认为他是选择了另一种方式的逃避，他不敢一个人面对未知的将来，所以他选择了用爱情来填补自己慌乱的心情。这段婚姻的插曲留下了草率和刺激等评价，各自有各自的看法。

我们从故事一开始切入，向南大学四年的好朋友高强因考试作弊，在大家都欢喜地迎接他们的毕业的时候，他一个人躲在高楼上落泪，他没有拿到学位。接连着好工作也没有了，他爸做股票赔了钱，家里人责骂他没有出息，于是他陷入了绝望，最后用自杀来了结心头的抑郁。这件事无疑给向南的内心埋下了一个恐惧的阴影。

陆涛在高强的丧礼上有一段很写真的感慨：“我现在脑子有点乱。以前从没想过自己的一生有何价值，要如何度过。只是追时髦、玩酷，以为是有性格。但是谁也没有你酷，你说死就死了……谁也没有你有性格，谁也没有你酷。你的死突然提醒我，生命原来是这样的脆弱，死亡和我们如此的接近。我要回去好好想想，什么是生命中最重要的。我要想，如何度过我的一生。我还要想，我要成为什么样的一个人。以前，我觉得自己知道这些问题的答案，但高强你一死，我觉得原来的一切全都失去了意义……”

大学结束了，意味着属于自己的真正生活开始了，他傻傻地坐在家里，心里面空落落的，他妈妈还激动地对他又亲又抱的，就像他依旧是一个上小学的孩子，而他内心也在挣扎着要自由。这时的他不明白其实是自己有多么依赖这个家。

他已经习惯了安排好了的生活，什么时候该去做什么，不该做什么，家里把谱子都给他写好了，就等他张张口，不管是走音还是余音绕梁，只要开口唱了，就是好的。

在夏琳精心安排为杨晓芸找男朋友的聚会上，向南和杨晓芸的轨道碰撞到了一起，他就像猫儿闻到了腥味，整个人又活了过来。他期盼要产生火花，眼巴巴地对着杨晓芸又是烤肉又是扇风的。这时候，爱情为他心头的恐惧进行了止血和包扎，他愈合了。两个人开玩笑说着结婚，他便当真了，就好像结婚就是小时候办的家家酒，只要有两个人就可以欢天喜地地玩起来。碰巧杨晓芸也是这样的孩子。于是向南兴致勃勃地开始了这个游戏一般的爱情，他没有足够的积蓄，又不能找家里人要，于是他向华子借钱结婚，连华子都觉得他只凭杨晓芸一句话就结婚完全是异想天开。可是这没有打消向南的激情，他疯狂地沉浸在自己编织的美梦中。

他张罗着向朋友借了房子，一本正经地把杨晓芸带到了那个地方，表示说两个人结婚后就可以在这里生活。杨晓芸也被着实吓了一跳，但是孩子都是喜欢这样的刺激，所以很快两个人就陷入了爱情的游戏中，并且越玩越火，两人都到了非结婚不可的地步，最后产生了一个提议偷户口本结婚。模模糊糊中，也说动了两家家长，两个人兴奋极了，忙着张罗着。

向南的妈妈在得知向南闪婚的时候，哭着说："你这孩子，以后你在外面谁给你做饭、谁给你洗衣服?"而向南却甜蜜地花大价钱给杨晓芸买了一套厨具，拂了杨晓芸的意，他要的是一个来为他准备饭菜、等他回家吃饭的人，这个人其实就和他妈妈没有什么两样。他要的只是一个比他妈妈更年轻的人来依靠。

两个人步入了爱情的殿堂。本该很甜蜜而难忘的，而婚礼上又发生了意外，杨晓芸的奶奶被食物卡住了喉咙，慌乱中，向南都失了分寸。在杨晓芸陪着奶奶上了救护车的时候，他急得都变了脸色，又在她一声“你先稳住局面，我一会儿就回来”的令下舒了口气。到这里，他就是一个拉着妈妈手的小孩子，妈妈跟他说“乖，我去去就回来”，他就不哭了，点点头说好。很难想象如果没有这声令下，估计向南又该伤心地哭泣，把自己的婚礼搞得更加狼狈。

他有着一颗细腻的心。他心里应该藏着这样的一个念头：有了媳妇儿，一切都会变好起来的，生活也会多了一分动力，有一个人陪他一起努力，那么前方也就没有那么恐怖了。这样的他和每逢过年就急忙要父母带着买新衣服新裤子，然后好穿家过户地要红包的小孩子一样。他要的只是有人和他一起面对这些压力，他觉得自己还是个孩子，有人陪了，他就不慌张了。

一次，陆涛、夏琳、杨晓芸和向南四个人一起逛商场，向南和杨晓芸的争吵却是无时不在，为着一件芝麻绿豆大的事情，争得面红耳赤的，而战况也激烈到出现了许多围观的人，没有人退一步的话，是不会结束的。于是向南哭了，一个大男人在所有围观人面前哭了，听着杨晓芸说离婚，他也想男人一把，狠狠地回击，可是他还是软下心来了，他无法去构想没有杨晓芸的生活。于是他哭着大喊杨晓芸偷了他的心，他就这样赤裸裸地展现他最软弱的一面。

一个男人只有在他内心感到最安全的时候，他才会完全地释放自己，而杨晓芸此时此刻就是他内心的居所，他感到安全，所以毫无防备地在她面前像个孩子一样。和妈妈在一起的时候，他就可以理直气壮地辩论，因为他确信她是他的依赖，而当这种依赖就要被轻易推掉的时候，他惶恐，他的心空落落。

“在我心里只有你，这几年我完全失去了自我。”向南也曾伤心地对杨晓芸这样控诉。其实他没有意识到其实不是杨晓芸让他失去了自我，而是他习惯了这样的状态，没有自我让他感觉很安全。

他也曾很男子气概地对着杨晓芸承诺：我是你的丈夫——向南；我是你的钱包，我是你生活舒适的工具，为了你的幸福，我时刻准备着！为杨晓芸服务！可是他做不到，在杨晓芸让他努力挣更多钱的时候，他却拿出了两个人经济上不平等的理由，让她也应该有了经济基础才来理直气壮。这时候的他就和一个赌气的、不懂事的孩子一样，结婚前可以轻易说出的那些甜言蜜语可以很容易被如今的现实覆盖过去。

他就是个爱玩的孩子。他可以每天把自己玩得脏兮兮的，他知道回家以后就有人会为他洗好衣服。就像大学最后一次聚会的时候，一群人闹了事，他蹲在警局里，急急忙忙给他爸打电话，电话通了以后，他就安心了，舒了口气，说话大声了。他知道，有人会为他妥善地收拾好烂摊子。

杨晓芸回家后宣布她要辞职，跟着她妈去做装修精品店，这把向南给气坏了，这意味着，买车买房的月供得他一个人扛了。他就急了，他受不了承担所有的责任，他摆出男女必须平等的思想，其实他是惶恐一个人去面对这些生活的压力。他不想为谁挡风遮雨，他只是想要和另一个人撑着把伞，哪怕是会淋湿也没有关系，毕竟两个人都是这样，而一个人的时候，雨伞在他眼里也是对抗不了这场生活的大雨的。他还是大男孩的心态，他不想过早地承担责任。

之后，向南要去潍坊出差，而感情失意的陆涛决定跟去散心。于是向南乐呵呵地在家整理出差用的行李，一接到陆涛电话立刻兴冲冲地出发了。这不仅让我想起小学时候，得知可以去出游的消息，一群小朋友就会开开心心地准备好东西，他们脑子里只有简单的出去玩。而杨晓芸就得慢慢习惯这样的他，因为他只是一个贪玩的孩子。

而作为奶嘴男的典型，他也适应喜新厌旧的习惯，没有一个孩子会一直钟爱一个玩具，而他也是。他可以轻易地忘记在家里等待的妻子，对灵珊疯狂追求，本来吵吵闹闹要回家的他却找出了蹩脚的理由不肯走，然后约着灵珊出去玩，盼望着有一个浪漫的约会。而婚外情这样不道德的词汇从来也没有从他脑子里划过，因为他就当自己是一个孩子。

婚外情被意外地掐断了，他也依旧可以让自己轻松回到开心的状态，他对杨晓芸说新生活开始了。当杨晓芸试探地告诉他，他们有了爱情的结晶的时候，他慌了，他忧心起来了，一个孩子怎么去照顾另一个孩子，他只有杨晓芸来照顾他，而他也害怕新的孩子来跟他争宠。更重要的是，这些事情再次把责任推到了他的面前，就像一个烫手的山芋，在没有谁为他吹冷的时候，他不会轻易地让自己烫伤。他特意准备了晓芸爱吃的饭菜，而心在曹营身在汉，只是为了说服杨晓芸不要这个孩子。种种让晓芸一眼就可以识破，他也只能无可奈何地逃跑了。

杨晓芸坚持要离婚，向南无奈地只能用女人一哭二闹三上吊的办法，说着要跳楼来威胁晓芸，和玩家家酒一样，可以很草率。他不去考虑后果，他只是简单地想威胁了就会有效果。可是杨晓芸是个大人了，他还不适应大人的游戏规则，于是他蹩脚地玩弄着自己。

就在瑶瑶告诉向南自己完全被向南迷住了的时候，他还是犹豫不决的。但是当他看到瑶瑶的家时完全呆掉了，就像中了头等奖金的彩票，他在心底问自己，这么优秀的女孩怎么会喜欢自己？两人幸福地拥抱在一起。与此同时，他也逐渐发现其实自己心里笼罩的杨晓芸的阴影已经散去了，他已经拨开云雾见青天了，所以他欢欣鼓舞。

他爱着的人从来都是自己，他爱着自己心底的懦弱，也习惯着这样的懦弱，他可以给两个爱他的女人一人一个口哨，许诺说哨就是命令。

而在应该他做出抉择的时候，他把所有的难题交给她们，他自己也迷糊不知道爱的是谁。如果说他在遇见杨晓芸之前就认识了瑶瑶，他就可以全心地付出他的感情，他的依恋就有了寄托。不会出现杨晓芸找向南商量买房的事情，而他却对目前的生活很满足，刚刚买了辆奥拓不想再带来更大的经济压力这样的事情。他可以轻松地获得所有物质上的享受，瑶瑶可以为了他想着把自己的丰田卖了，坐他的奥拓，她可以心甘情愿地为他付出，可是缘分就是这样，她出现在杨晓芸与向南的故事后面，所以剧情就不同了。

瑶瑶什么都有了，所以她要的就是爱，她可以给向南所有的物质需求，可是在她面前，向南必须永远仰着头呼吸着她的鼻息。她爱他，所以可以让自己卑微一些，但是这种自卑的感觉是侵入骨髓中的，向南永远也抹杀不去这种感觉。所以他到最后还是会选择杨晓芸。因为他无法自信地告诉自己，他的爱永远能够牵住瑶瑶的心，他怕有一天他没有足够的爱了，那么两个人也只有分手了，而他就失去了依恋，只能一个人很寂寞，他害怕这样的感受。

而杨晓芸不同，她可以在两个人决定结婚的时候，义无反顾地拿出自己所有的积蓄，那些在大学期间几十几十攒出来的一万块，也就是说，她可以为了向南一无所有，而向南就是她剩下的全部了。她要的是全部的向南，向南的贫穷在她看来也是一种资本，不是一种缺陷。他内心得到了满足，她离不开他，正如他也离不开她一样，因为他就是她的全部了，所以两个人只能相依为命，所以他有相当的安全感，他觉得生活也有了意义。

她可以为他付出，这样也体现在他们生活中的小细节处。向南意外得到笔奖金，他满心喜悦地说带着杨晓芸去商场购物，而晓芸没有和他预想的一样，她把大部分的钱用在了向南身上，这个东西是向南的，那个也是给向南的，而她就只给自己买了两件廉价的打折衣服。向南明白也感动，可是晓芸跟他说了关于幸福的概念后，他又打了退堂鼓，他不想去付出那么多，为了一个目标而努力拼命，他做不来。他安于现状，每天CS游戏，陆涛他们一呼唤，立马没了影踪了。

孩子永远不会腻烦一切的游戏，可以玩是他们最大的乐趣，前提是他们可以一直不用长大，这样最好，而向南就是如此。

杨晓芸来了几次“心碎乌托邦”，她心里烦躁得很，可是她拉不下面子来，于是她讽刺向南讨好富家女，其实是变相地嫉妒陆涛。而向南面子上否认了，其实心底也是这样想的。一天，他在酒后吐真言，告诉陆涛，说他的成功叫他很紧张。和邻居家的小孩子都有了变形金刚的玩具，而他没有一样，他心里不是滋味，却也只能用小孩子的方式去妒忌。

他不爱瑶瑶，他只是安于瑶瑶给的爱情。而他又做不来负心汉的事情，他内心格外柔软，他望着杨晓芸说道：“我跟你待在一起越来越不开心，越来越不快乐。离开你我很失落，但我为你做的一切都做完了，我承认，我做得不够好，可是我尽力了。我跟你离婚以后，我对你也就没有责任了，我现在特别想为自己多想一点，我运气好，遇到了真爱我的人，我有了新生活。我喜欢这种新的生活，你以后不用在我的面前表演可爱了，没用了。杨晓芸，这些话我早就想对你说了，不过我还有一句更重要的话对你说，杨晓芸，我必须离开你，我已经不爱你了，再见。”

可事实上，情感上他依旧依赖着杨晓芸。他清楚他可以四处去玩、去疯、去逍遥，只是因为他明白只要他回过头来，依旧有人等在原地。他可以满心喜悦地回到自己的处所，拿起别人给的爱，又轻快地上路。

谁会去责怪一个把衣服玩得脏脏的孩子，谁会去嫌弃一个迷路了又回来的孩子，而他只是安心地选择了可以让他一直当个孩子，或者可以让不长大的他窝更长时间的小屋。

在他所知道的世界里，没有什么是天长地久、永远不变的，所有的都可以是游戏，无穷无尽的游戏，他沉迷于这样的玩乐。唯有一件事情他明白，就是牵着他的手的人，不到他要放手的时候，绝对不可以放手。

奶嘴男不是因为爱情而爱上一个人，更多的时候，他们只是爱上了对方可以给他们的安全感，只要能够确认是安全的，对方不会抛弃他，那么他都会张开自己的怀抱去抱住这一份温暖。他们只是简单地想被一直宠爱，一直关心。简单地做一个孩子，一个永远不用计算明天必须要花费的金钱，不用担心怎样去赚取这些钱，不用掰着手指想着手头的钱还剩下多少。

奶嘴男只是孩子，为了安全感可以囫囵吞枣。他当自己是个孩子，他也要求着所有要进入他世界的人必须承认这一点，他爱玩，必须支持他玩，最好是能陪他玩。不要跟他说现实，他只会撅着嘴巴告诉你，你对他不好。不要跟他说永远，他只是希望这一刻的快乐在这里发光发热。

因为他是奶嘴男。如果你爱他，你必须明白，这就是他的规则。

附录　奶嘴男自辩经

我本单纯

我的名字叫做奶嘴男，可我并不喜欢奶嘴，也不理解别人为什么给我取这个名字。谁说我有恋母情结，事事要听父母的主意？谁说我以为自己是世界的中心，别人只在我需要的时候才存在？谁说我像彼德·潘一样，总是拒绝长大……我不愿去辩解什么，因为我本单纯。

单纯之恋母情结

我从小就是个听话懂事的孩子，长大了也十分孝顺，我只想把父母给我的爱再回报给他们，就算我不在他们身边，他们也一样能感受到儿子的挂念。朋友说我过于听父母的话，不管对的错的，都照单全收。女朋友说我和她在一起时，遇到大事小事总是第一时间打电话请示妈妈，她认为我的妈妈在我们的生活中无处不在，在很多事情上遥控指挥。在妈妈的庇护下，我就是一个长不大的 3 岁小孩，即使我的年龄已经超过 30 岁。我不愿去辩解什么。我只是单纯地表达我对母亲的爱，希望父母能相信他们在孩子面前依然有威信，没有年龄的界限，即便我已成家，也要让他们相信他们的判断对我依然是如此重要。

单纯之自私专横

人是一个奇怪的个体，把所有琐碎的事情拼凑成生活，在处理这些琐碎的事情时就会读出你的性格。有人说我总是以自我为中心，个性专横，别人只在我需要的时候才存在；总是不断地出状况，然后拍拍屁股一走了之，习惯性地等别人来收拾烂摊子；只关注自己内心的需要，而心永远是填不满的“无底洞”，身边所有的人都是负责满足我需要的人。批评使人进步，我欣然接受，因为我不愿去辩解什么。我的世界是由单细胞组成的，我讨厌外面复杂的世界，痛恨人们戴着虚伪的面具苟延残喘，被生活束缚。我随心所欲、向往自由，我只是单纯地认为一些事情应该会是什么样子，却在不断地打破规律，制造麻烦。当别人帮助我处理时，我充满感激，但从不会说出口，会把它深深埋在心底。只有这时我的心灵深处才会得到些许的释放，否则压力会压得我喘不过气来。就这样在无数次麻烦创造中被贴上了“自私专横”的标签，我并不气愤，单纯地活着，我很快乐。

单纯之甩手掌柜

爱情是美好的、浪漫的。它能使人充满激情，充满力量。有时我对爱情的憧憬甚至是虚幻的，可当我真正拥有了它，和我的她生活在一起，我又被带进了审判庭，才发现它是如此真实。我的罪名如下：第一，我比女人还会撒娇扮可爱，逃脱责任和家务琐事；第二，我觉得女人能顶半边天，凡事都是她看着办；第三，我总是埋首于各种各样的游戏之中，网络游戏更是须臾不可离的终身伴侣。这时候，我愈发生活得无奈，我不愿去辩解什么。每当看到她在处理烦琐的家务时，我都会很心疼，但看到窗明几净的房间，整间屋子充满了她的气息，那种感觉真的很幸福，我一直单纯地认为她也一样。每当在决定一些事情时，我都会让我的她来决定，不是我没有主见，那是因为我爱她、相信她，尊重她的想法，希望我的生活由她来规划，我一直单纯地认为她喜欢以这样的形式走进我的世界。每当我在网络游戏中玩得不亦乐乎时，多想她能够和我一起享受这样的快乐，虽然这是唯一能让我保持单纯的途径，可我一直单纯地认为她明白我在乎游戏带给我的愉悦，但我更加在乎我们的爱情。

单纯之善变软弱

有人说我很善变，突然拍拍脑袋做出一个决定，三秒钟之后决定的事情就会彻底改变，完全摸不到我善变的心思会在地球的哪个角落游荡。或许吧，或许可以用善变来形容，我并不介意。我的基因里就是有一个叫做犹豫的东西在时刻控制着我的思想，单纯的考虑事情往往会被之后的犹豫所推翻，就这样周而复始，循环往复。

植物长时间生存在温室当中，遇到风雪就会容易凋落，这个道理同样适用于人。我便生存在温室当中，即便是我自己营造的温暖，也让我感到无比的轻松和幸福，追求简单的生活，一直是我的人生格言，可是并没有永远的晴天。在遇到困难时，作为男人的我同样需要依靠，爱人的怀抱就是我的避风港。有人会觉得我很脆弱，遇到挫折就退缩，遇到磨难就萎靡不振，像碰不得的瓷娃娃，经不起小小的风浪，没有一个男人应有的刚强，我不愿去辩解什么。我不是易碎的玻璃制品，我也有斗志、也有梦想，我只是单纯地认为只要快乐就好，不去强求什么，单纯地认为我的爱人能够理解我受伤的心情，偶尔在她面前软弱，伤口才会愈合得更快、更彻底。

在属于我的世界中，有时我会幻想着拥有魔法，把自己变成一个婴儿，放在温暖的襁褓中，呼吸着新鲜的空气，嘴里含着小小的奶嘴，品尝着美味的食物，那样的生活多美好啊！事实上在我眼中现实的生活也一样精彩，奶嘴的体积很小，而我在用我的整个身体拼命地吸收着生活中大大小小的幸福，要问我快乐的法宝是什么？因为我本单纯。

奶嘴男心中的春天

人物介绍：程东，重庆人，销售部门经理

刚过了 28 岁生日，关于我什么时候结婚，结婚对象是谁一系列的问题接踵而来。似乎 30 岁的大关就在前面不远处了，30 岁是一个敏感的年龄段，以股票来形容的话，男人可能是一只成长股，行情见长，纯粹就是个增值的过程，而女人却是面临跌停板的危机，两者的颜色鲜明对比，红色与绿色相互晃人眼。沾着这个理论的光，我从来都不担心自己的行情，可是家里的人却是急上眉头，特别是我妈，她迫切希望有人可以代替她来照顾我的生活。

身边的兄弟们也纷纷加入了结婚的敢死队中去了，结婚后，给他们打手机，要么就是一点反应也没有，要么就是回你条简短的短信：老婆有令不得外出，要么就是哼哼哈哈地应了几句，就赶紧挂了电话。有时，闲着无聊了就随便跑一有家室的兄弟家去，也只能换个灰头土脸的一个人孤零零出门。人家老婆信誓旦旦地说着："我和我老公相处的时间怎样都嫌少呢。"两个人甜甜蜜蜜的，哥们儿也使劲地使眼色，让我离开，没办法，摊上这种时候，爱情永远比友情重要了，重色轻友也成为一种美德了，于是我就识相地从人家的天堂堆里走了出来，步入我萧条的人间现实中。更不济的就是遇见人家夫妻争吵的时候，本来想把自己作为挡风玻璃，这样也不管用，就像是好心做了坏事，破坏人家感情的骂名就砸头上了。而兄弟只会忙着吵架，和好，顾不上角落的我，有时还被当成一个轰炸点，夫妻两个人同仇敌忾地冲着我来了。

无奈中，狐朋狗友聚在一起的时光就被一再地缩减了，像是打折买回来的衣服，缩水了，就穿不上了。大家都忙碌着自己的感情生活，还不亦乐乎，而我这个旁观者就在岸边观火也是一种寂寞。有时聚会的时候，许多人都问我，为什么我这么好的男人还是单身一个，甚至这些年来身边连个女人的影子都没怎么出现呢？就是什么八卦绯闻也传不到我身上来。跟我比较熟的哥们儿就会问，你还忘不了大学那个某某啊。我就一路摇头和微笑。放眼望去，身边确实不乏人品好、长相好、工作好、被大众一致公认为好男人的人，可是和我一样也是单身。更确切地说，我也是他们当中一分子，占了所有的好，却偏偏没有个女朋友来升级为老婆。

有一天，我大学同学跟我开了玩笑，说我诚信，重情义；有进取心、有胸怀、事业心强；负责任、重承诺、有爱心……把我给美得，最后他一锤定音，其实正是因为我具有这些品质而导致了女朋友缺货。他的解释是人怕出名猪怕壮，人太完美了，本身就是一种错误，谁敢接近这样的人，那不就是把自己往高压锅里头送吗？

回想起我大学时期的恋爱，从大一入学开始，爱情就风调雨顺的，似乎把所有的优势都占据了，没有花费很长时间，就追到了一个让人羡慕的女孩子，我的女朋友是校花，而我也占了年级第一才子的美称，我们在一起就是郎才女貌的典范了。当时所有人都以为我们会一直走下去，就是牵手进礼堂，然后过完一辈子都是可能性极大的事情，可是我们的爱情却在一片叫好声中无疾而终了。

分手的理由很简单，只是因为一天早上的约会我迟到了，让女朋友在街上等了十五分钟，当我气喘吁吁地出现在她面前的时候，我女朋友转身就走，临走时撂下一句话："我要的是一个来照顾我的，而不是需要我照顾的。男人是用来等女人的，而女人确实等不起男人的，女人的青春更宝贵。"而我用一句话总结就是，她觉得我不够成熟稳重，不能给她足够的体贴。

张爱玲说：有两种女人很可爱，一种是妈妈型的，很体贴人，很会照顾人，会把男人照顾得非常周到。和这样的女人在一起，会感觉到强烈的被爱。还有一种是妹妹型的。很胆小，很害羞，需要被人照顾。

恰好我爱的就是那种需要被照顾的女人。

妈妈是每个孩子的上帝，我一直相信这个理论。我妈温柔、体贴，她会宠着我，呵护我，当我在学习或者工作上感到力不从心的时候，她会是我的知己，陪着我说说话，听我发牢骚，不会嫌我烦。在我吹牛时，她会以骄傲和鼓励的眼神看着我。有时候，她还会伪装成我的敌人，适时给我一些刺激和打击，让我振作起来。

这样的女人当然是应该被爱的，如此完美，所以我从小就认定陪着我过一辈子的女人也应该是这个样子的，不要求百分之一百的相似，至少也要有这样的美德。

不是因为内心的虚荣，只是因为对美的渴求。完美的东西，谁不想得到？而且在美的熏陶下，难免对于身边人的标准就会有所提升，这是自然而然的事情，毕竟一辈子的时间那么长，有着许多的梦想，也有着生活的压力，围着这些东西转悠，心都是漂泊的。总希望有一个地方可以让心停泊下来，哪怕是一点点的温柔，都像是沙漠中的甘霖，叫人渴望。

忙字拆开是心亡，面对忙碌的生活，必须压缩着自己的时间，去奋斗、去争取，为了追赶上前途光明的憧憬。而如果心失去了航行的力量，那么就会在钱财名利双收的时候迷茫。

钻石王老五又如何，没有一个真心爱自己的人，爱在这时候是凭着金钱来权衡的，要怎样要求有一个平静和安宁的爱情呢？

就像从秋天等到安静的落叶，男人的心总在忙碌的生活中漂泊着，风中柳絮一般。在所有的困难面前，他必须挺起胸膛，哪怕是咬着牙，也要努力去做，这样勉强自己的事情做得多了，渐渐地就会麻木了，心也跟着冷却了下来。

男人也只有在爱自己的女人面前，他的心才可以卸下防备，这时的心是柔软的。他把自己全部都摊开在她的面前，无所保留，他就是个孩子，简单而美好，不去算计，不用琢磨，他要的就是一份同样简单无比的生活。可是这样的付出却被认定为另外一种不负责任，而它所表现出来的那种爱情却是没有太多人发现并且欣赏。女朋友对于我的眼泪总是有一种排斥心理，特别是在她说分手的时候，我情不自禁地落泪，她无法理解，她觉得这是一种懦弱。男人不应该有眼泪，有眼泪的男人就只是没有长大的男孩。

和女朋友在一起的时候，她会嫌我体贴不够，而对于我提出的一些要求，她却又时常觉得很繁琐，不能理解。比如晚上她总是喜欢熬夜，于是从十二点开始我会隔一段时间就提醒她要早点睡；她总是不吃早饭，于是我一大早就会买好早餐等在她楼下；她总是不喜欢吃青菜，我就哄骗着她每顿都吃点青菜……我对她要求看着似乎很多，但是都很合情合理，而且这些要求对她有好无坏。我是真心爱护她的，这种方式也正是我妈妈言传身授的。

她说我这样是标准没有脱离奶嘴的孩子，对此我没有太多的异议。我是离不开我妈。女朋友“大姨妈”来了的时候，痛得不行了，我什么都不知道，也只能求助我妈，在药店门口紧张地打电话给我妈，事后却被她嘲笑什么事情都要问我妈。而这种事情难道不是应该问有经验的人吗？要不我一个门外汉兜兜转转也想不出个所以然来。

我不清楚这样有什么错误。我只是选择了一条捷径去疼惜她。妈妈说过，女孩子是要哄的，所以我天亮和她说早安，夜里让她早点晚安。天冷了，买了手套和围巾，在外面租了个空调房。我穷尽我可以做到的一切去呵护她。

而这样却导致了一个结果，她说我让她厌烦得很。接着我开始不再把大把的时间用在她身上，尽管还是有关心，却不再是瞻前顾后地围绕着她。

我喜欢旅游，这也一直是我的梦想。而她喜欢逛街，喜欢热闹，唱歌跳舞，她样样都可以，她是出了名的交际高手，而我更倾向于到处旅游。只要有时间，我就会打包好行李，询问她是否要一起旅游去，她总是一脸嫌弃，说我爱玩，没有一个正经。开始的时候，我总是开玩笑说，我就是个孩子，满世界跑了之后还是要回到她的身边，因为她是除了我妈之外可以给我安全感的女人了，她却生气了，说我是把她当成了另一个妈妈。

曾经看过这样一个评论，说的是：一个好男人就是有全能的生活技术，接近于完美的心理状态，和谐的生活艺术。你是她的爸，你是她的妈，你是她的儿子、情人、老公、导师、领导、下属、朋友。

我可以当好一个男朋友的角色，至少我是这样认为的，可是她不，因为我不是她内心的标准。或者说，在大部分女人心中，我都是不合格的。她们要的是成熟型的男人，而成熟型男人的一个表现就是不可能天天往家里打电话，有事情也不会立即想起妈妈，成熟男人虽然孝顺，但是碍于工作可能一个星期给家里打一次电话，通常就是报喜不报忧，有事情应该冷静，心里明白该怎么去做了。而这点，我总是很笨拙，但是我也在努力学习着。

大学时候，我兴高采烈地向家里人介绍了我的女朋友，长辈们经风历雨阅人无数，眼睛自然比我犀利，而家人都对她很好，觉得她是一个不错的姑娘，我妈同她聊天，问到了我们婚后的生活。也许就是太急切了，她的脸色就变了，她听着我妈询问的会不会做饭呀，会不会做家务呀，没有说到三句话，她就起身直接走了，留下我尴尬面对。我妈还让我赶紧去追她。事后，她抛下一句话：我不是来当你妈的。

我努力做到了胸襟开阔、宽容忍让，两个人如果有什么摩擦，我第一个就会先让步，虽然不知道该怎么表达自己。我很笨，有时为了她好，而她不领情，我就会赌气不说话，但是我从来也不会对着她冰冷的脸回应一脸的冷漠。只是我也是一个有血有肉的人，也是有脾气的，对于自己在乎的人更不可能理智和清醒了，她却总是嫌我孩子气。

每个女人心中都会憧憬一个白马王子，这是她们从小时候起就有的念头，尽管她们从来也不去想想自己到底是不是公主级的人物，生来就认为自己是应该被宠爱、被容忍的女人有很多，她们认为好男人最突出的品质应该是可以做到大忍。

我从来不轻易去承诺什么，就是一句我爱你，我都觉得很沉重，如果行为跟不上理论，那么一切就是捕风捉影而已。不是没有责任感，而是因为太明白自己可以做什么，不可以做什么，心里有个底线了。有一首歌不是唱到好男人不该让心爱的女人哭泣，所以我努力去做到不去开空头支票的事情。

世间存在着太多的不完美，太多的不尽如人意，也就是因为这样生活才有了奋斗的意义。而我们往往抱着苛求的态度，女人要求男人一出现就是一个完美无缺的男人，这样的标准就是宙斯也很难做到，他也有七情六欲，也会偶尔对某个女人心有牵系，然后小心地搞了出婚外情。可是依旧有许多人明知道这样的道理，却依旧按着这样标准寻找另一半的，被现实打压得灰心丧气的。女人寻找的时候，总是会被表象给蒙蔽了，男人不坏，女人不爱。这句话在现实中体现得淋漓尽致。虽然很多女人会矢口否认这一点甚至对此嗤之以鼻。事实确实是如此。

许多女人总是抱着自己从小到大的王子梦想作为自己生活的目标，对于自己未来的一半，萌生了许多想法，想象着可以用组装电脑的方式来安排她自己的故事。首先这个男人相貌是非常重要的筹码，学历不能太低，太高了也不好；家庭背景很好，却又不能因此而高傲；男人得有脾气，却不能大男子主义；男人有男子气概，却必须对她马首是瞻；男人必须有自己的事业，却又希望随传随到；男人必须给她足够的时间和空间，却要时刻掌握她最新动态；男人必须拿出生命的一半来爱她，却不能让她感觉有任何负担……这时候，男人就是这世界上最无敌的超人，他是一个奇迹，可是重点是，这样的人真实存在吗？

"成熟"的男人是女人从小就模拟出来的巨大的幻影，在她们眼中没有终极的完美，只有不断地要求和不断地达到完美。

同样是一种索取，女人可以要求自己软弱的时候，轻易就掉出眼泪，可是男人如果遇到事情，在她面前掉眼泪，那么女人要说话了：你不能给我足够的安全感。就好像男人从来就必须是强人的身份出现，刘德华都唱了，男人哭吧不是罪。

什么样的人是最好的人？我不明白。小时候，妈妈教育我听话的孩子才可以成为最好的人，爸爸的名言是听老婆话的男人才是好男人，所以他让我要听妈妈的话。在受到委屈

的时候，并不是百分之一百都可以自己处理并且消化了。虽然生活教育着我要学会把自己变得有足够大的存储容量，必须有很好的回收站，一按清空，立即就烦恼全无，但是这种事情对于不是高科技合成物的同样不完美的人类来说，是巨大的、遥远的工程。所以我会发泄出来，和妈妈聊天就是一种不错的解压方式。

事实上，我不支持男人就该忍受那些苦难，必须把苦酸辣统统放进自己的肚子里，吃不完也得兜着走，把自己整合得跟无敌金刚一样。男人同样也是需要温情的，需要被关爱的，一味地付出，再大的存储也会有归零的一天的。

妈妈是世界上最美丽的一个词汇，它包含了所有温暖和丰富的含义，如果一个女人不能让男人从心底去感觉到安全感，感觉到温暖，那么男人还怎样去掏心掏肺地疼惜一个女人？爱是百转千回的事情，它是一种双向温暖的流动，如果没有彼此的点头同意，那么爱情也无所谓爱情，它也就不会成立了。

这不是说恋母情结，只是我更期盼用一种温和而持久的方式相爱。对于温暖，人人都是眷恋的，特别是在忙忙碌碌的生活中，这是一种绿色的、健康的爱情，它就像超市里无毒的蔬菜一般，只会给人增加营养和美貌。

所以我爱你，希望你也爱我，我用爱着我妈妈的方式去爱你，那么你可以用我妈妈的方式来爱我吗？